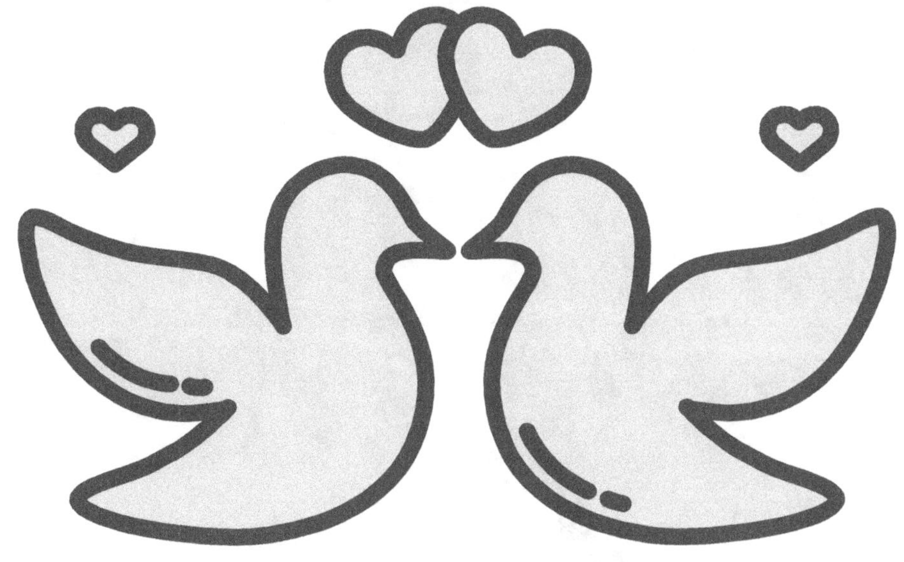

DIESES BUCH
GEHÖRT

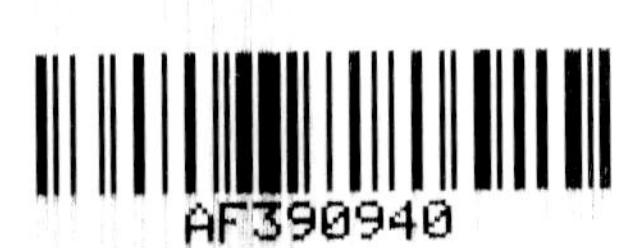

....

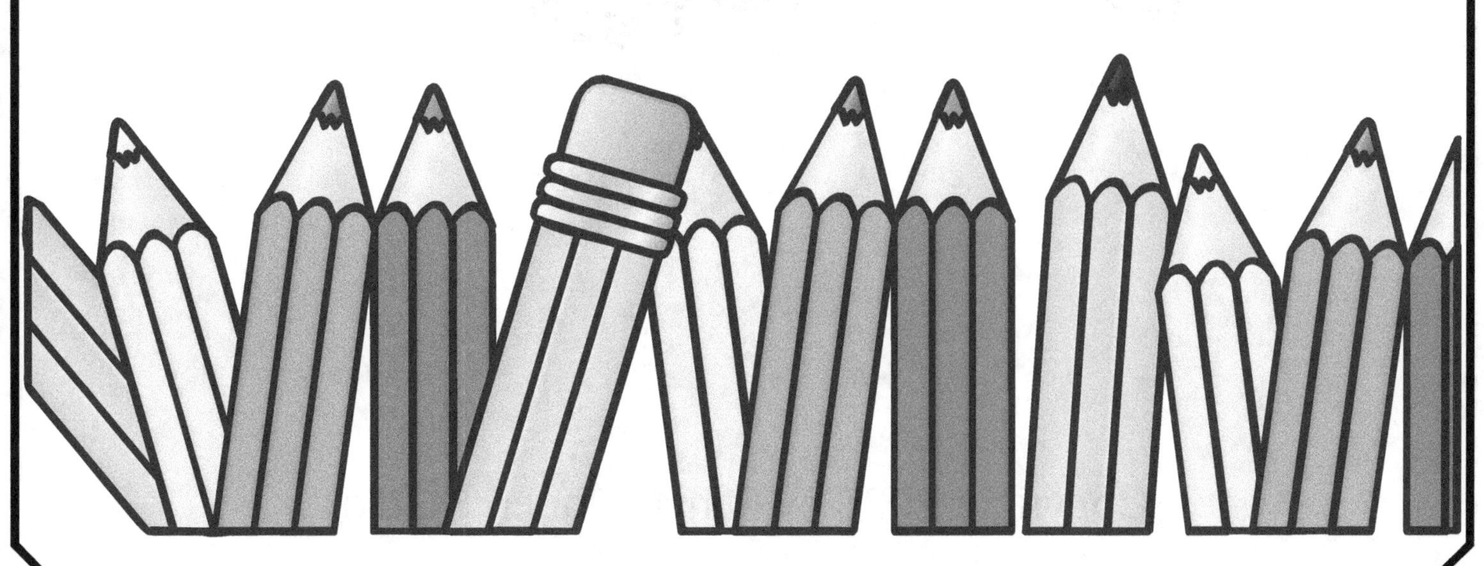

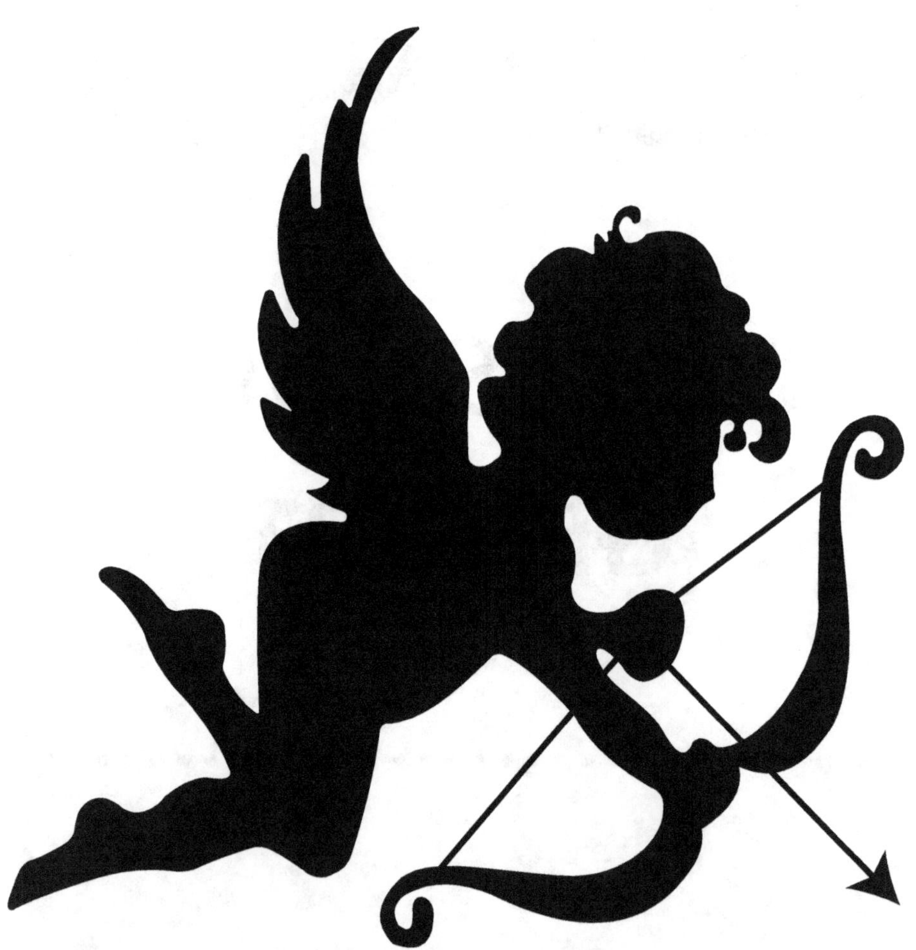

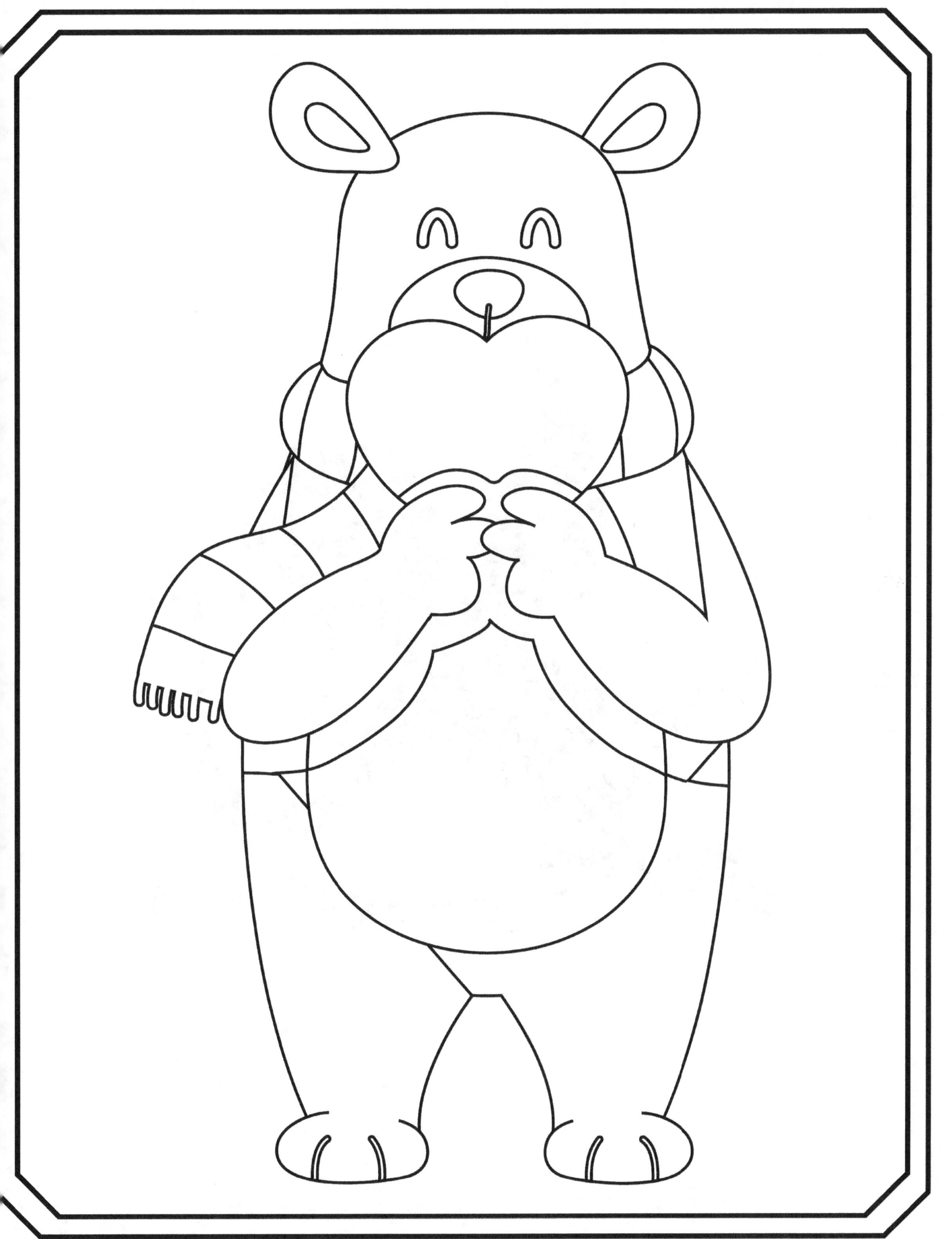

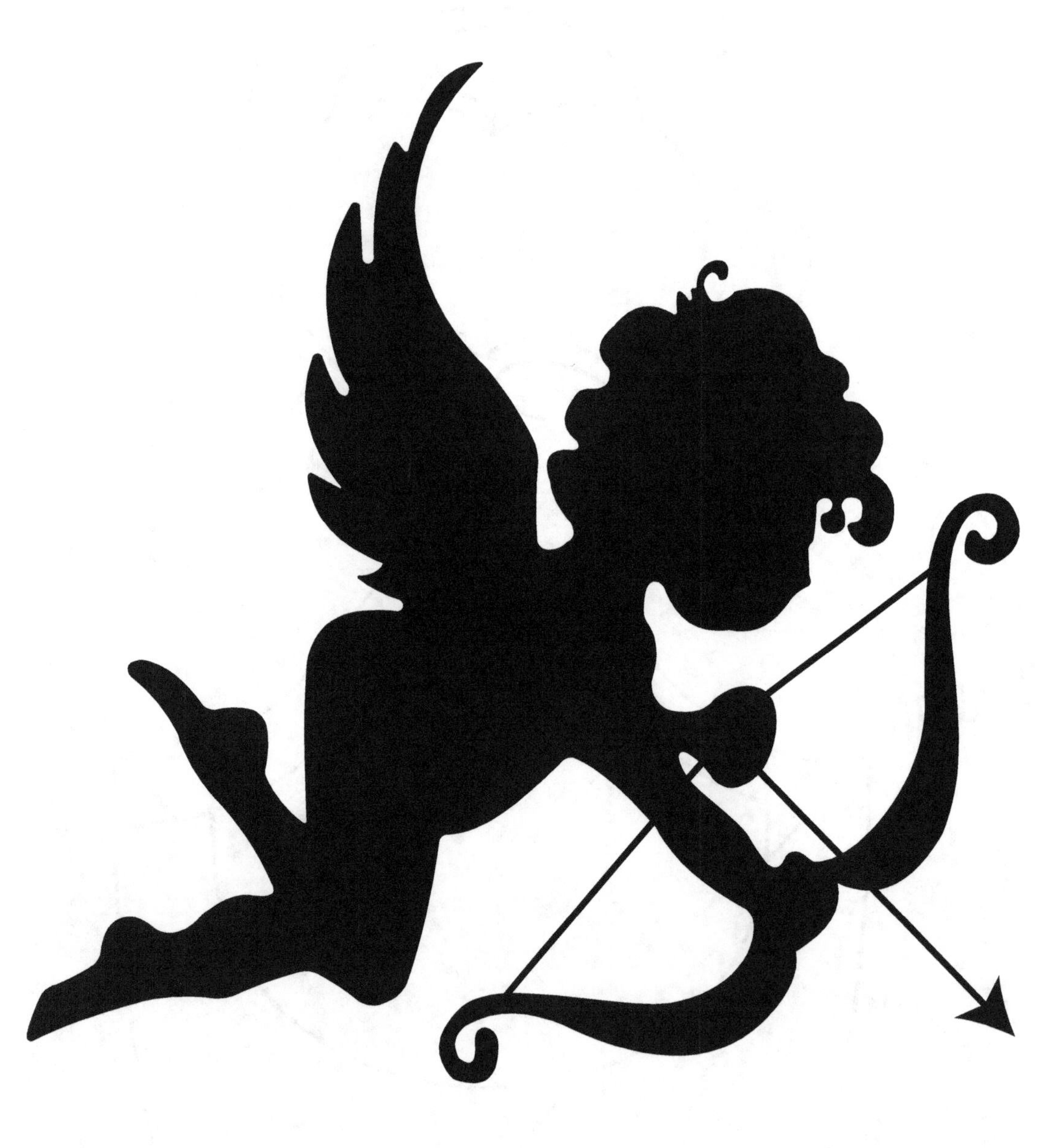

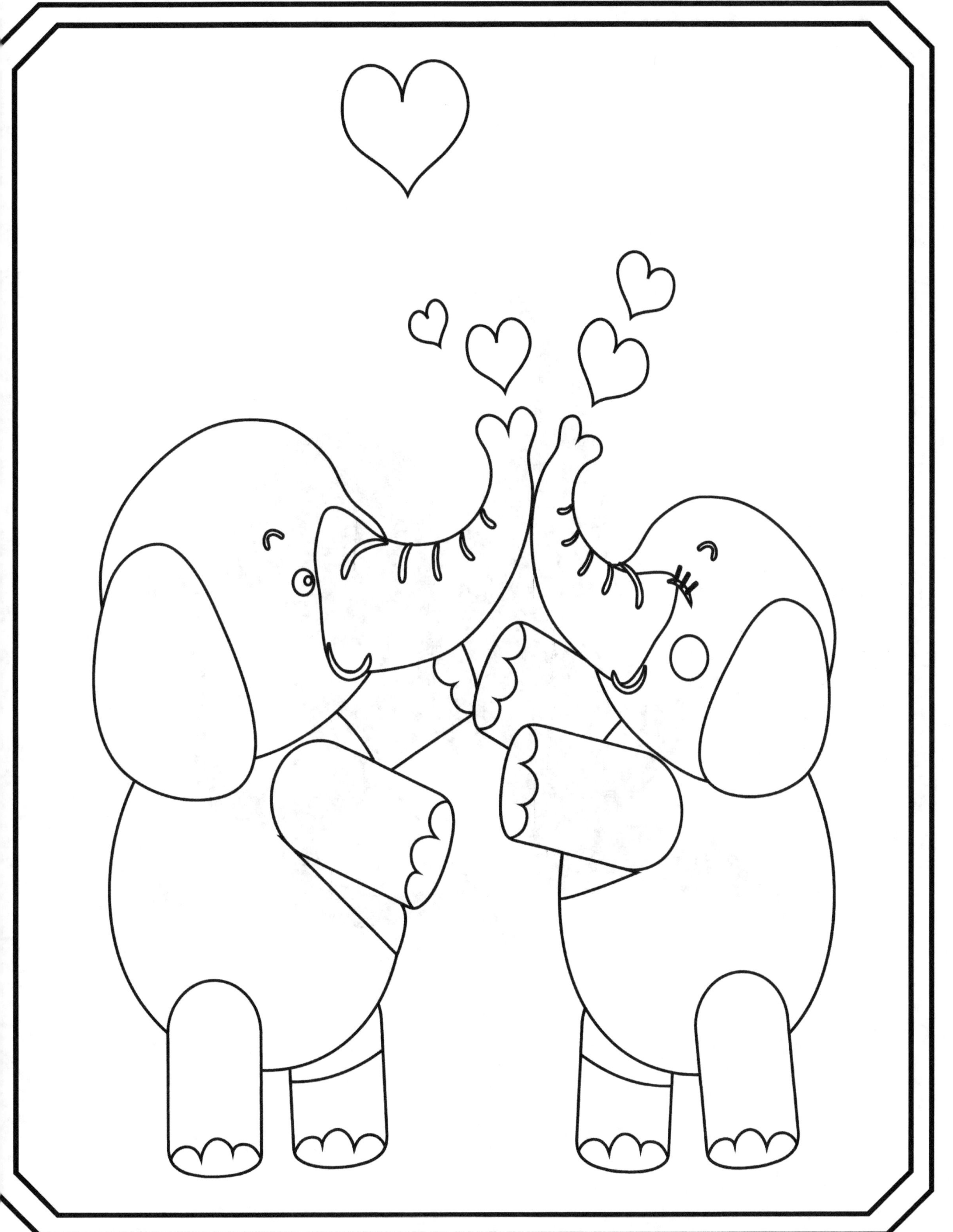

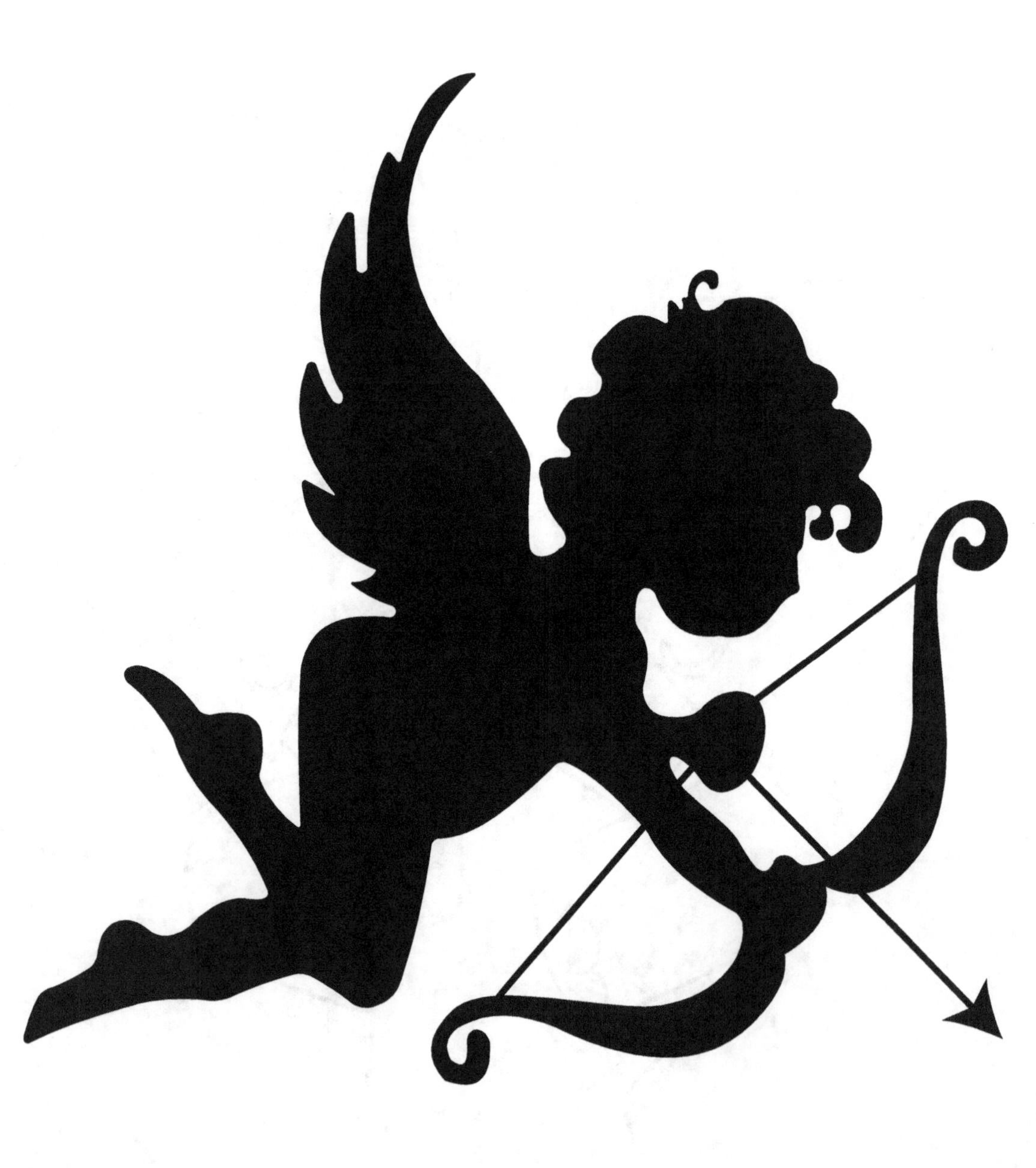

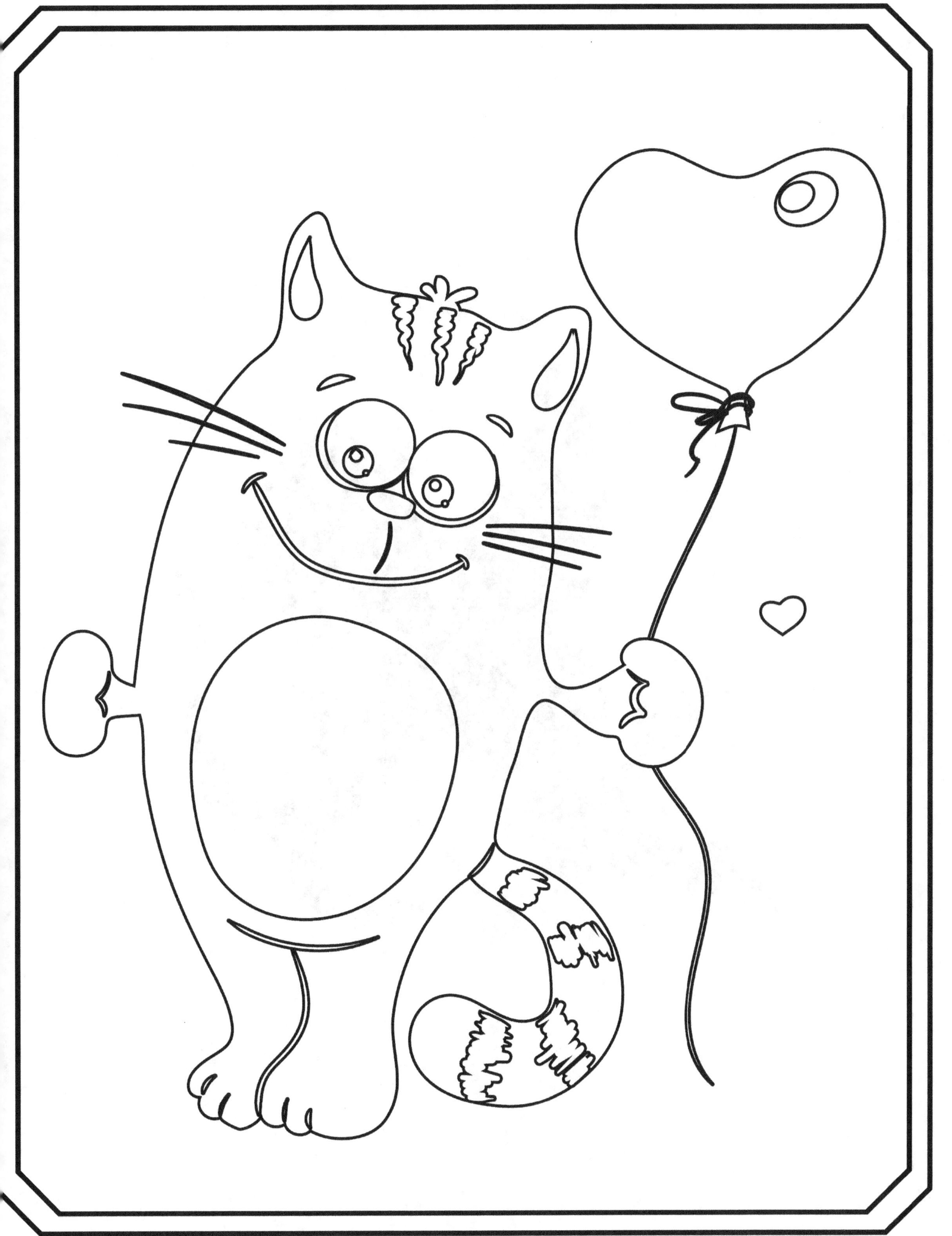

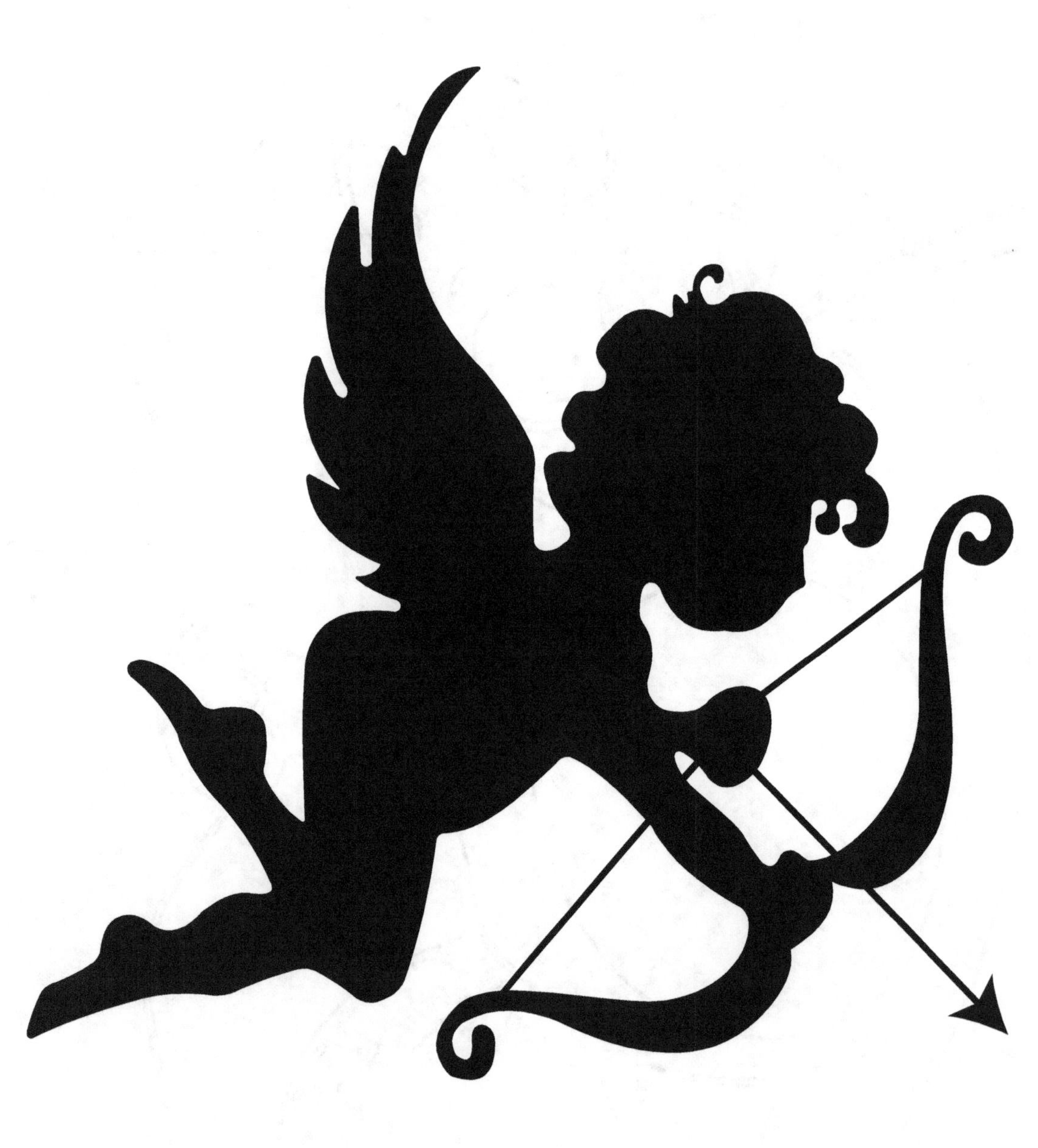

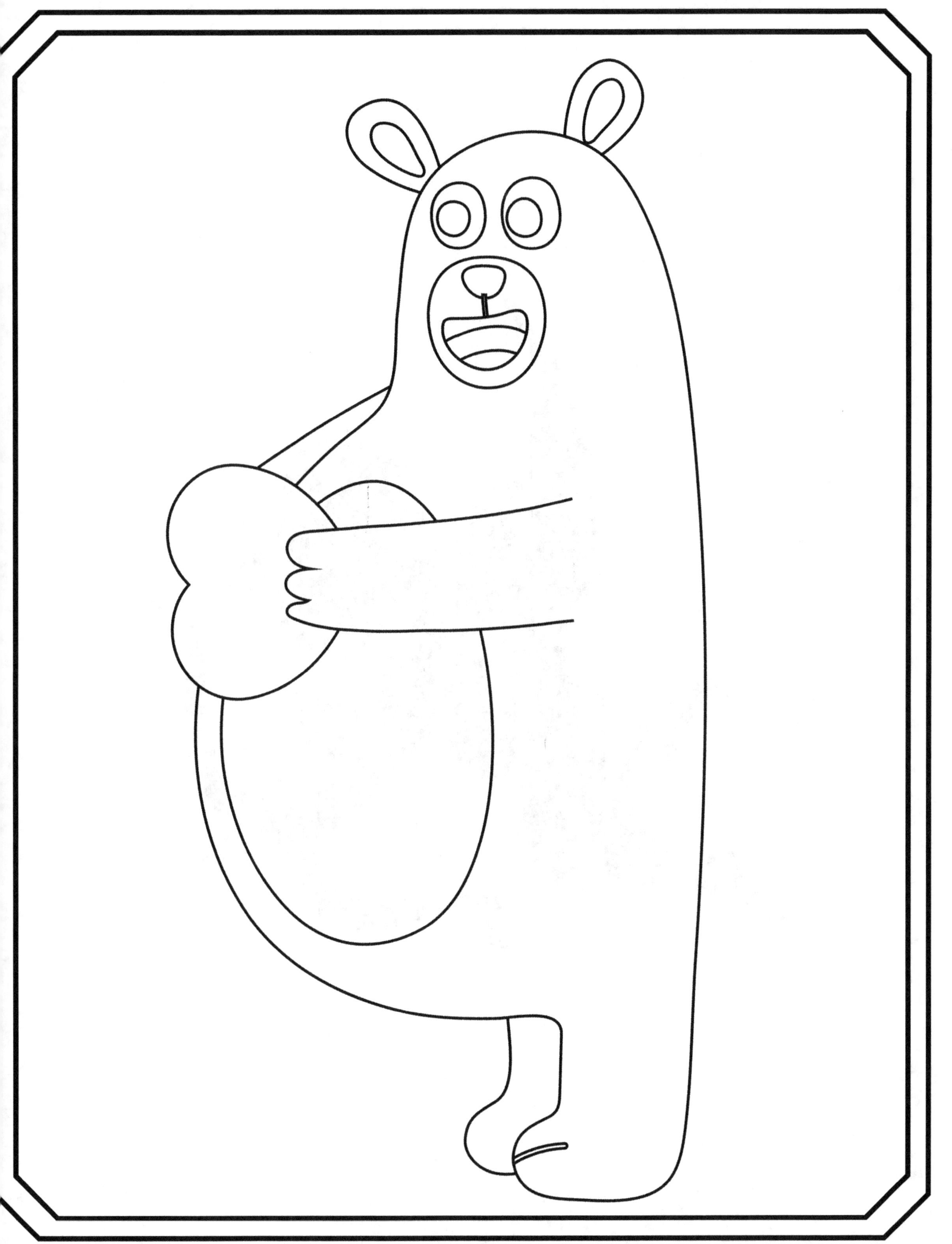

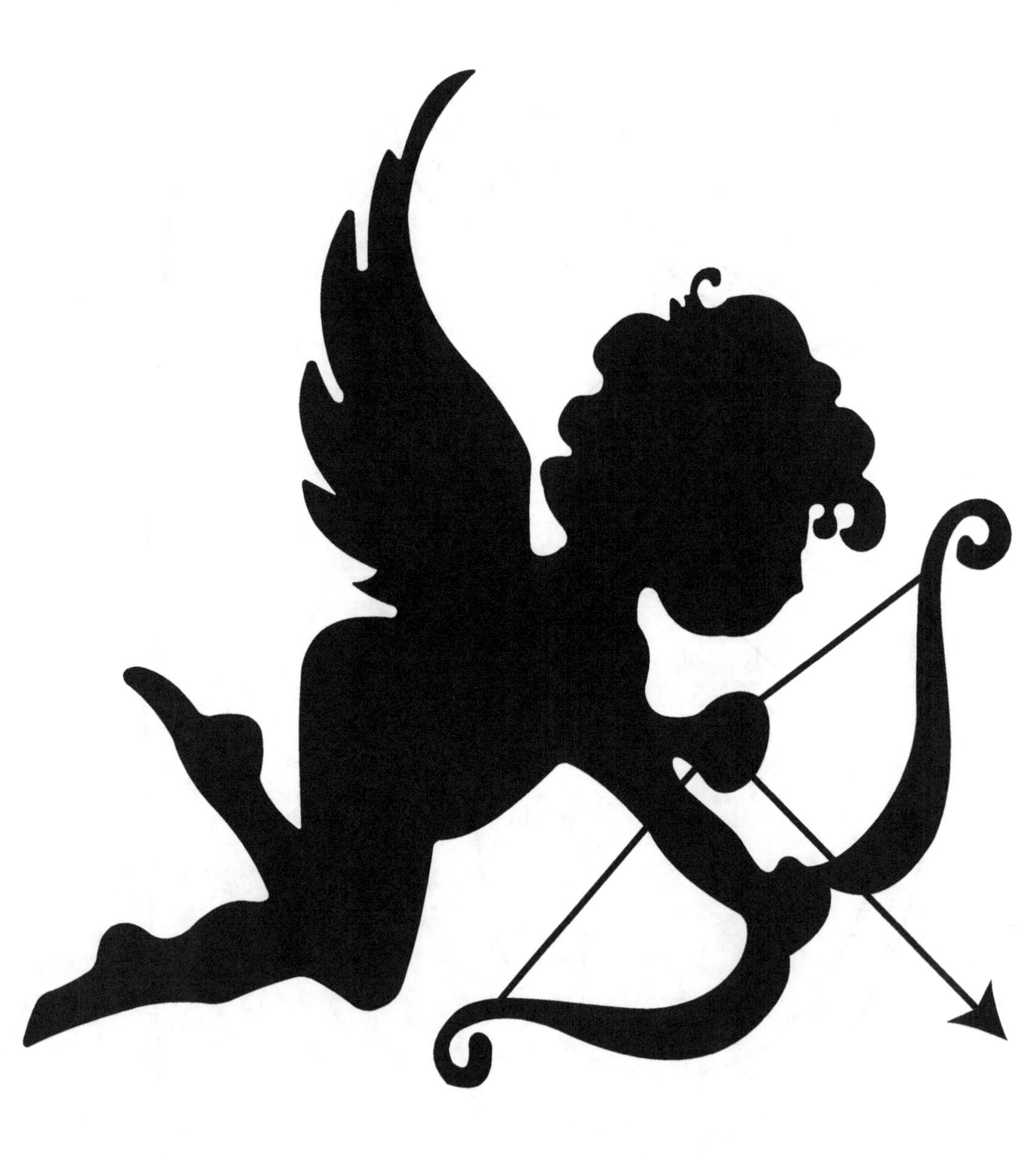

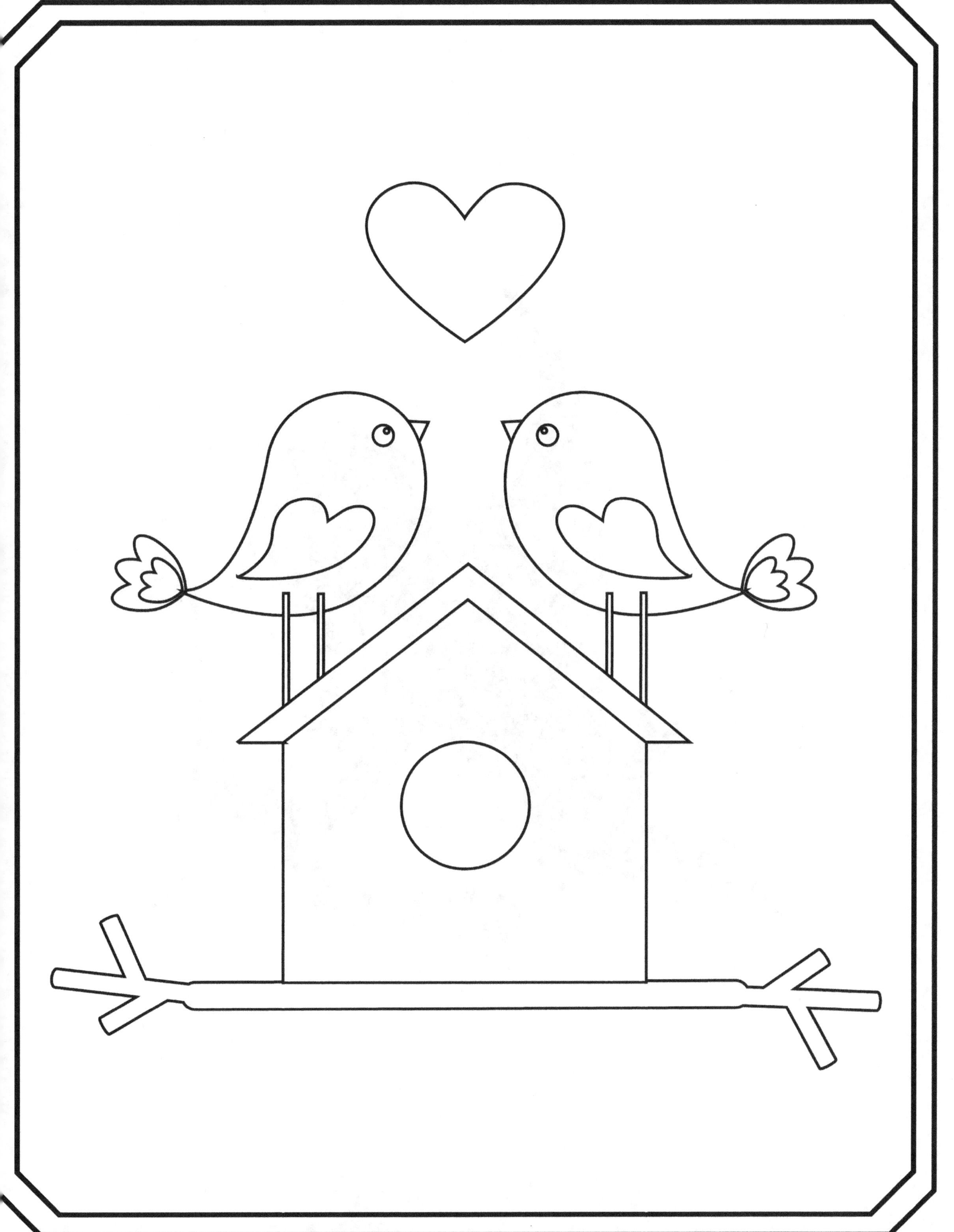

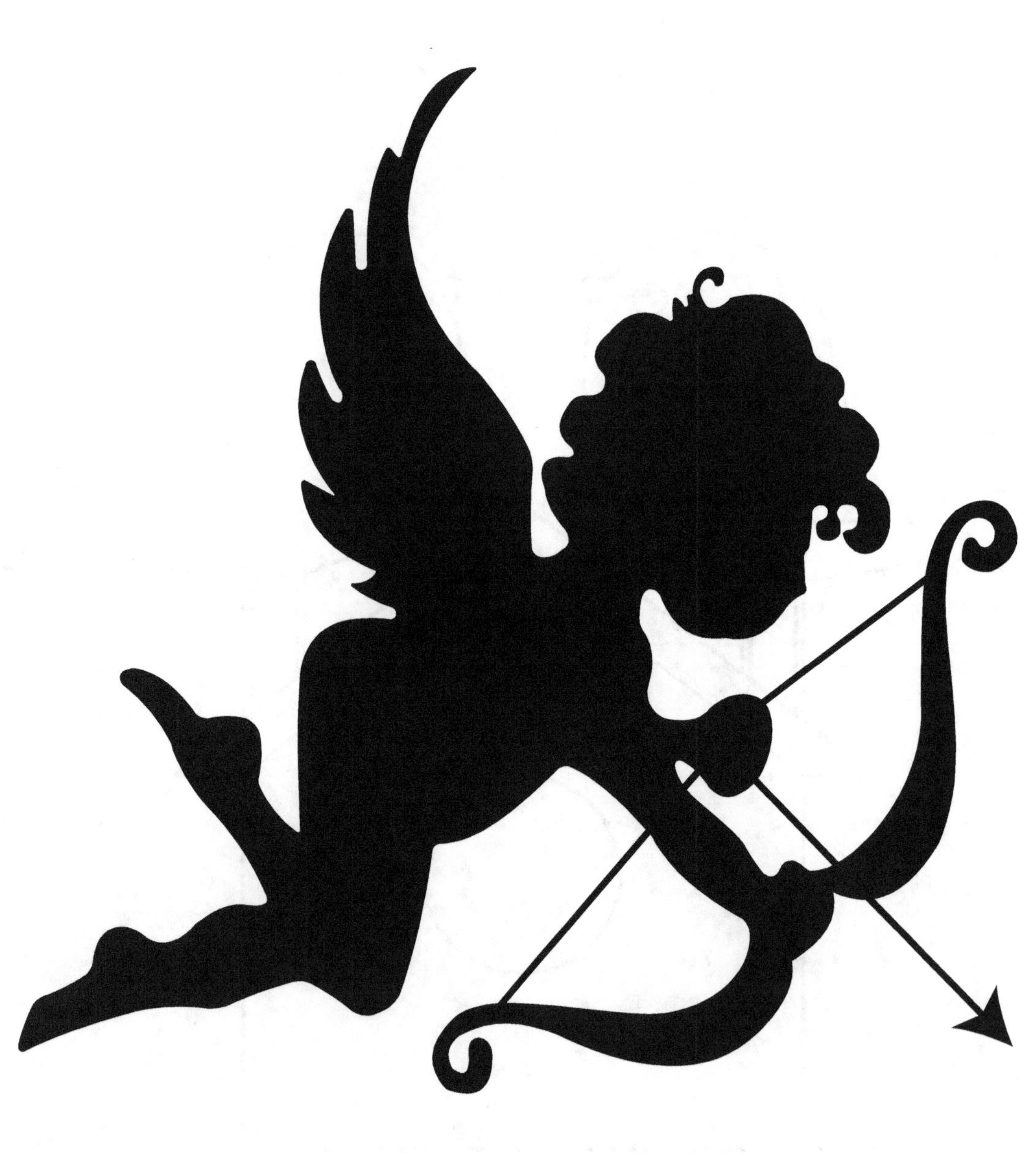

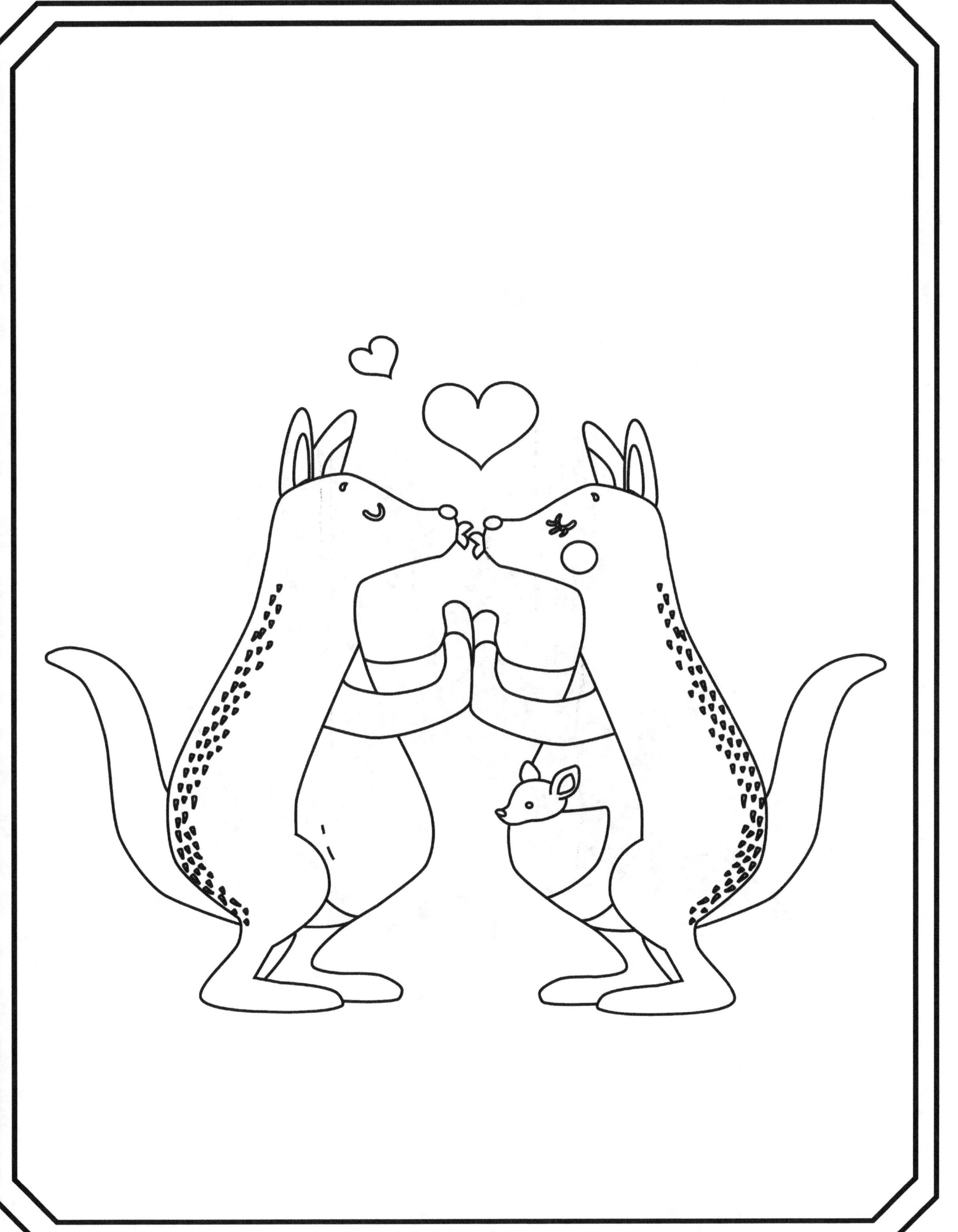

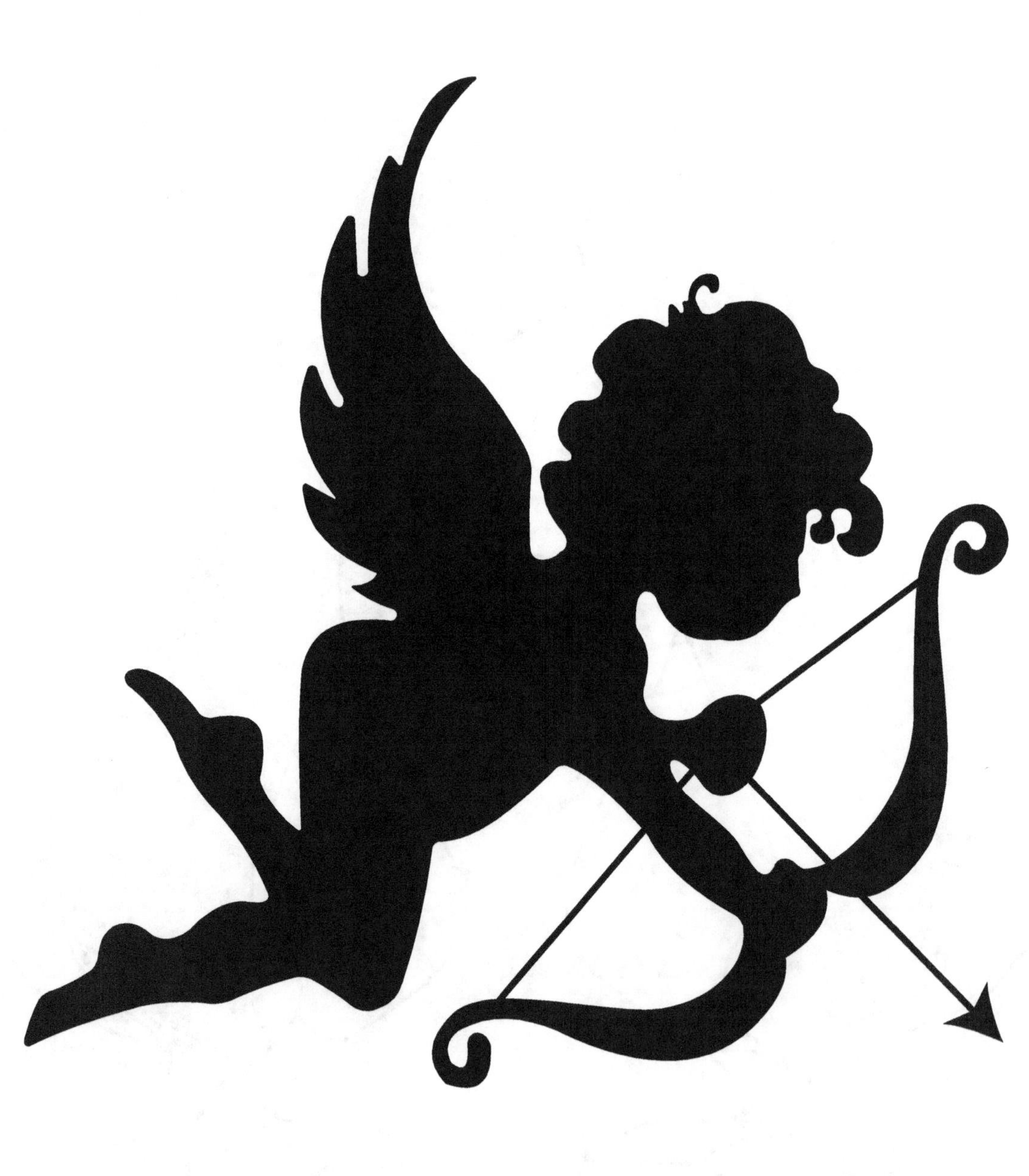

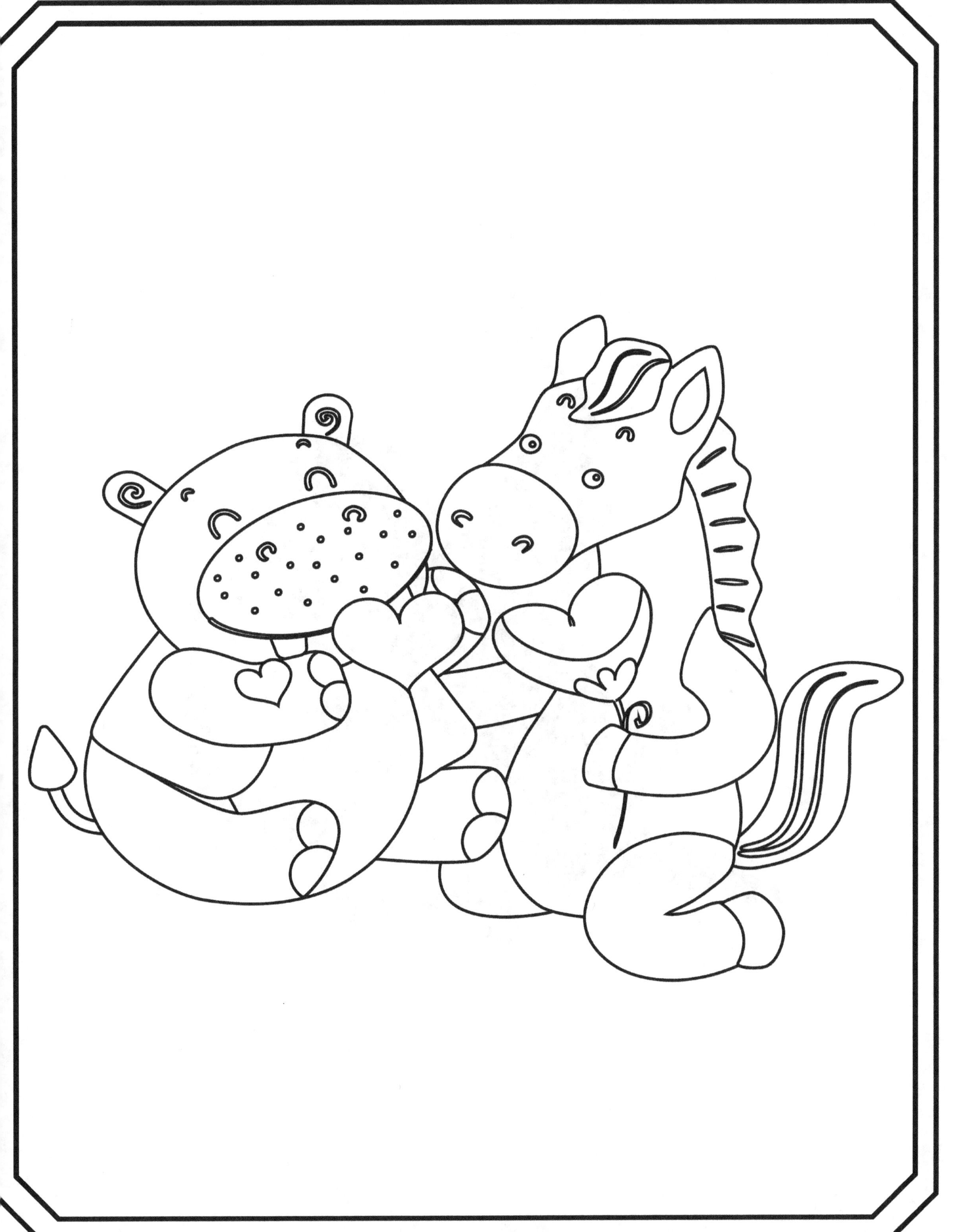

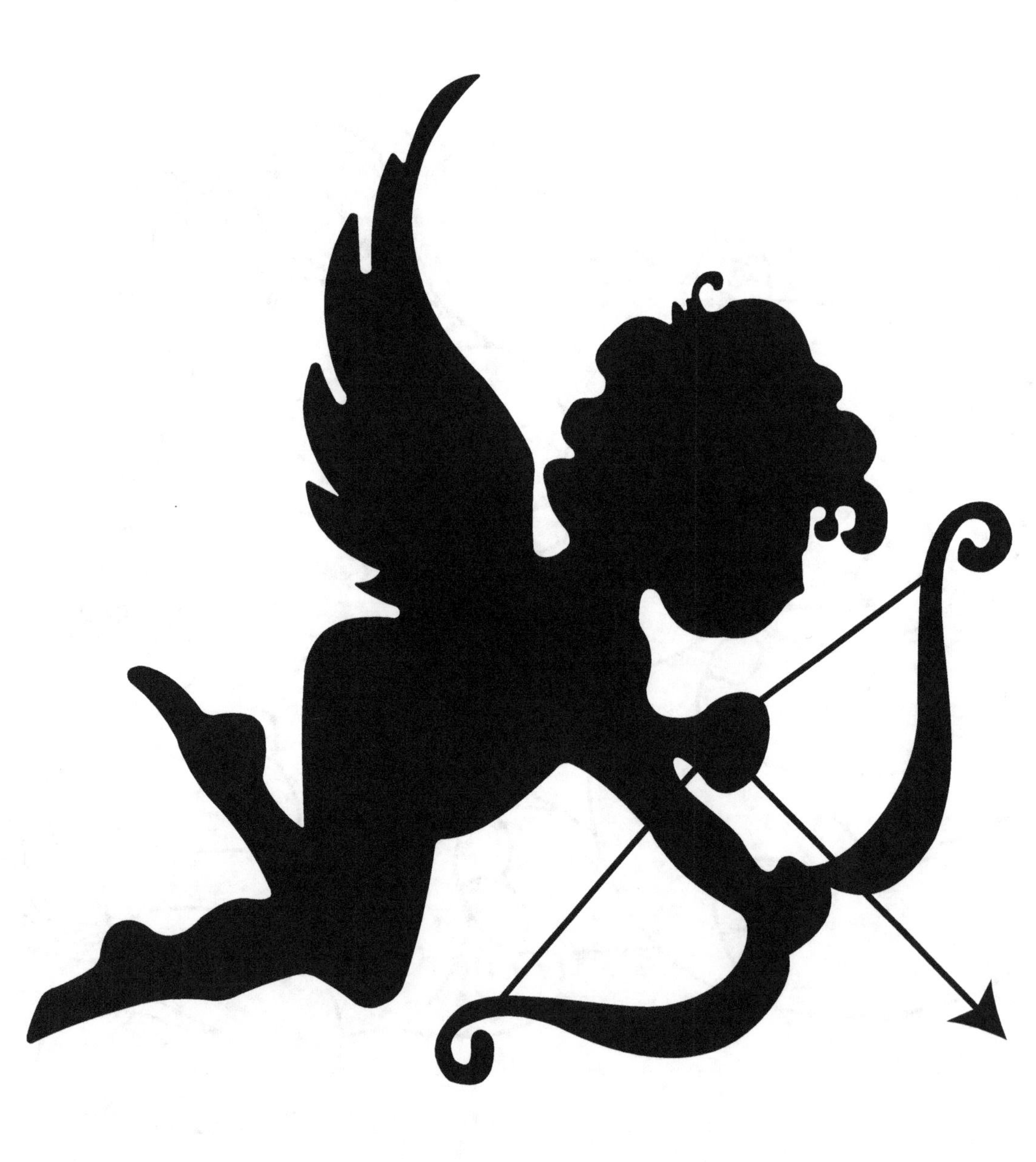

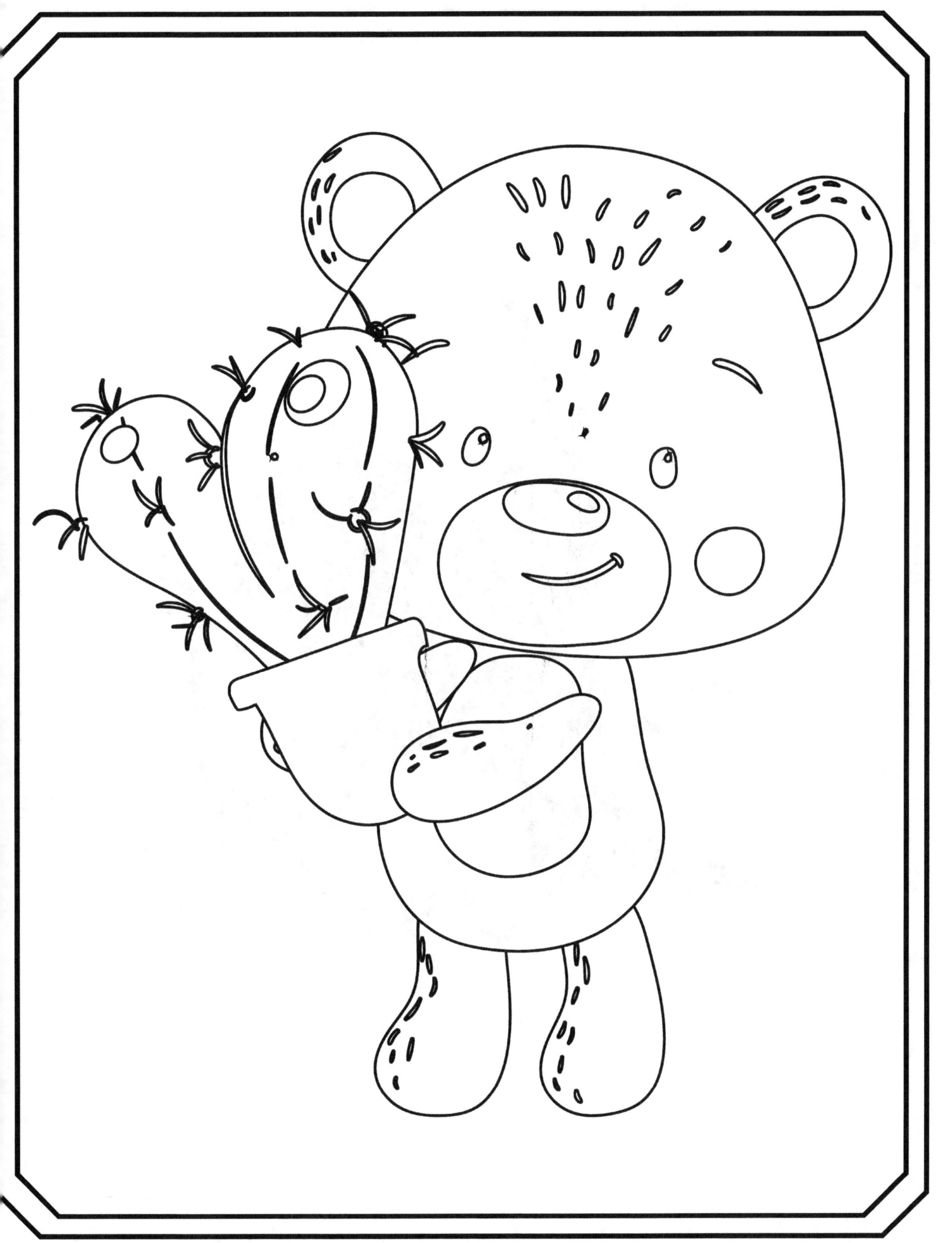

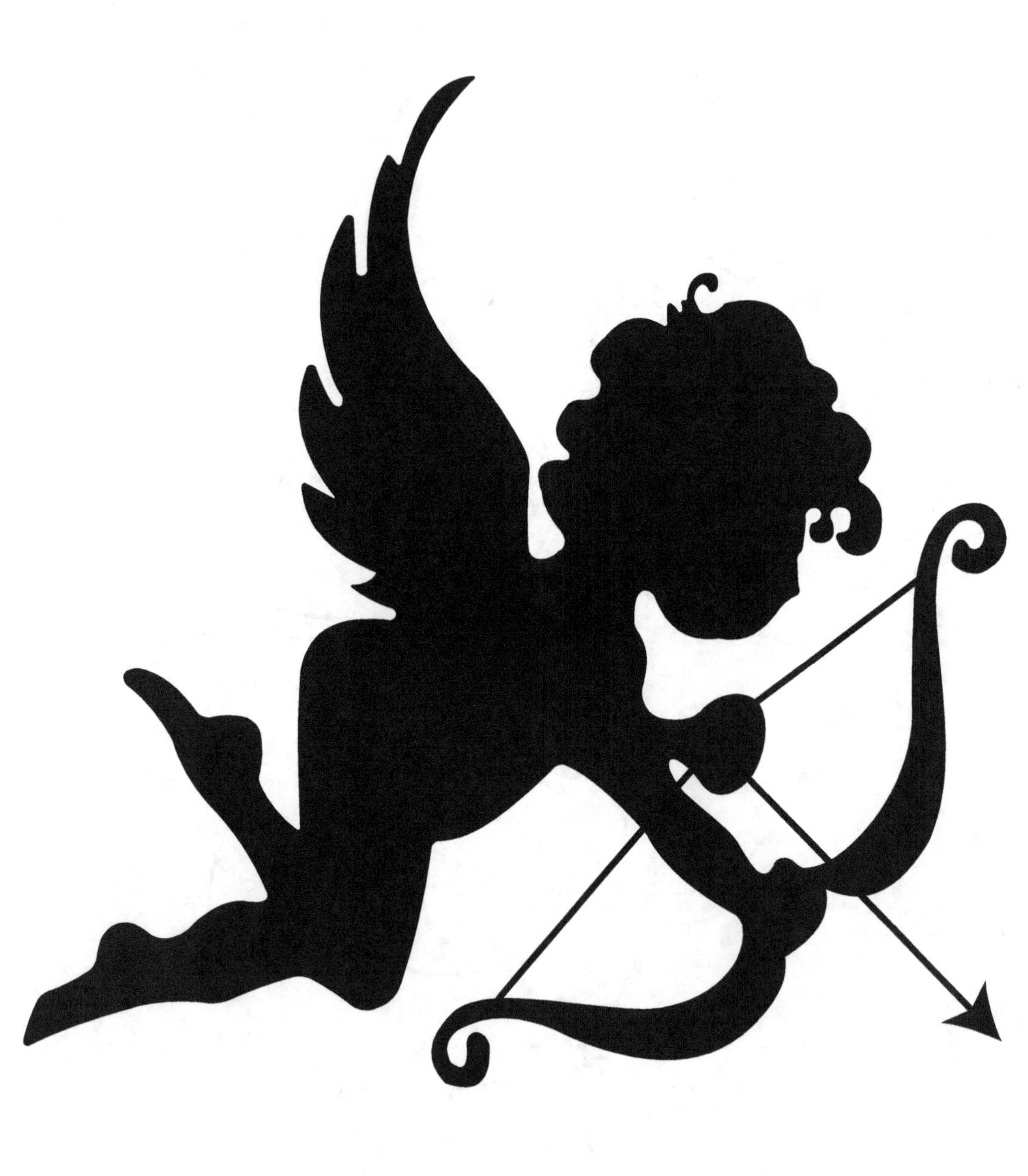

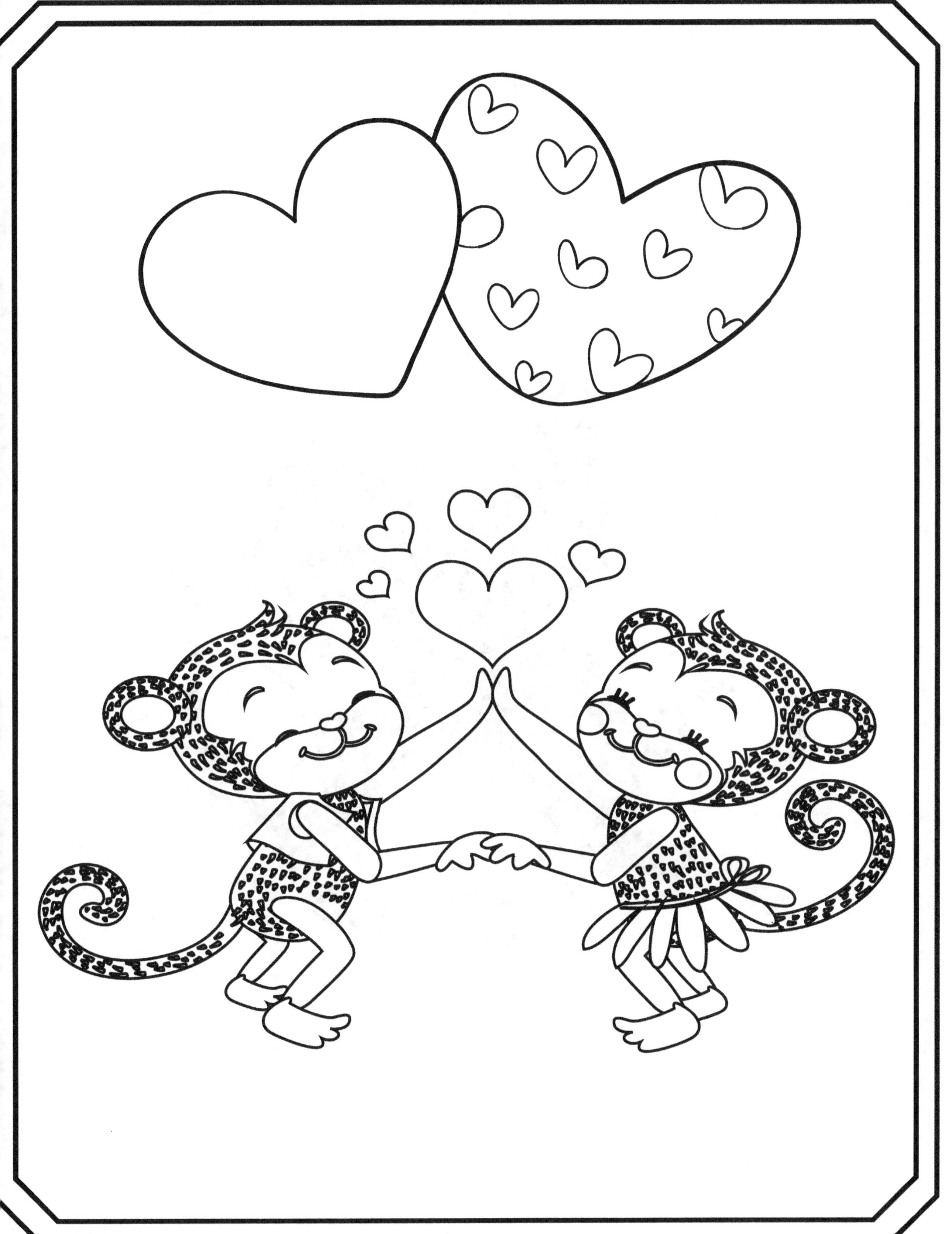

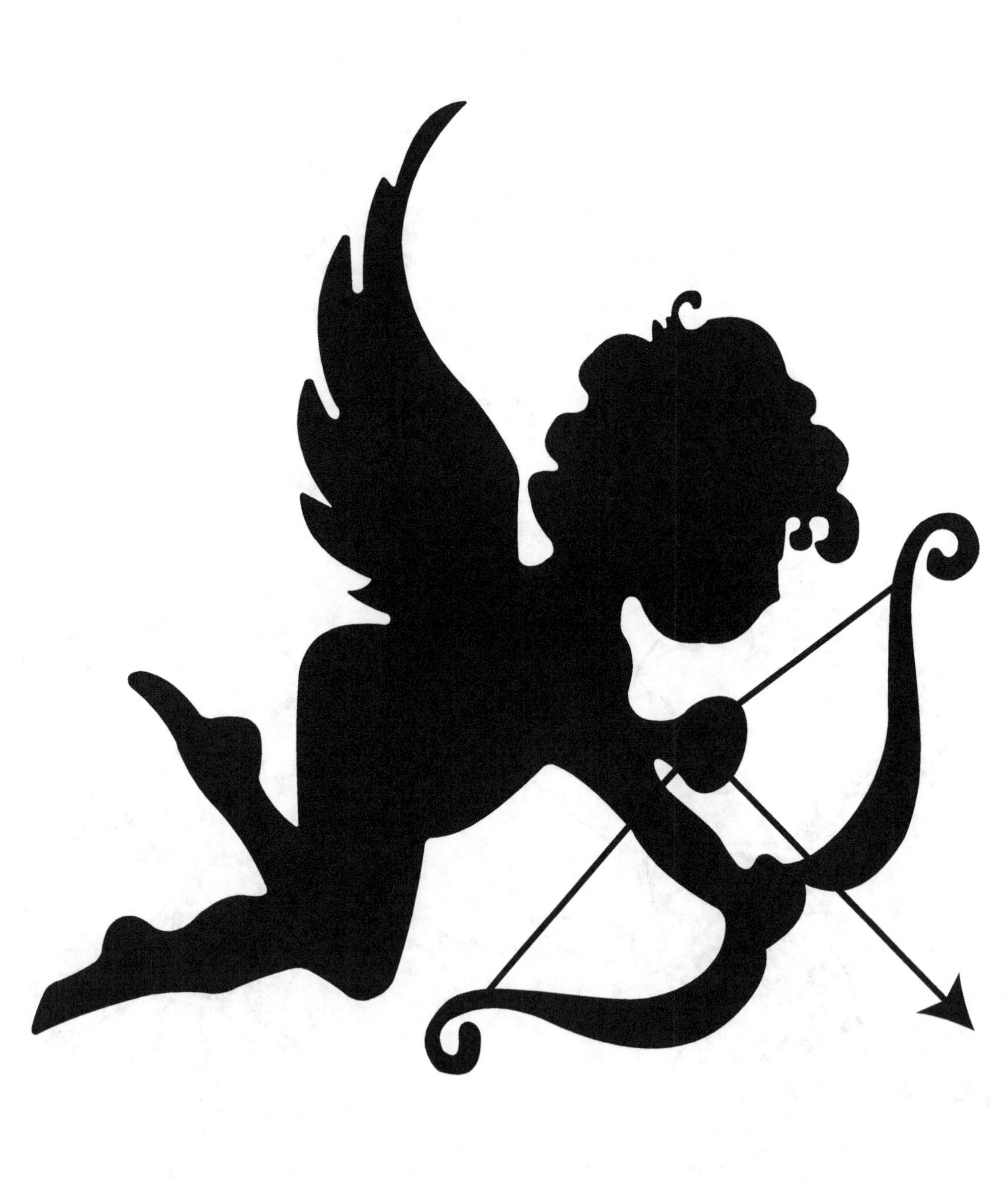

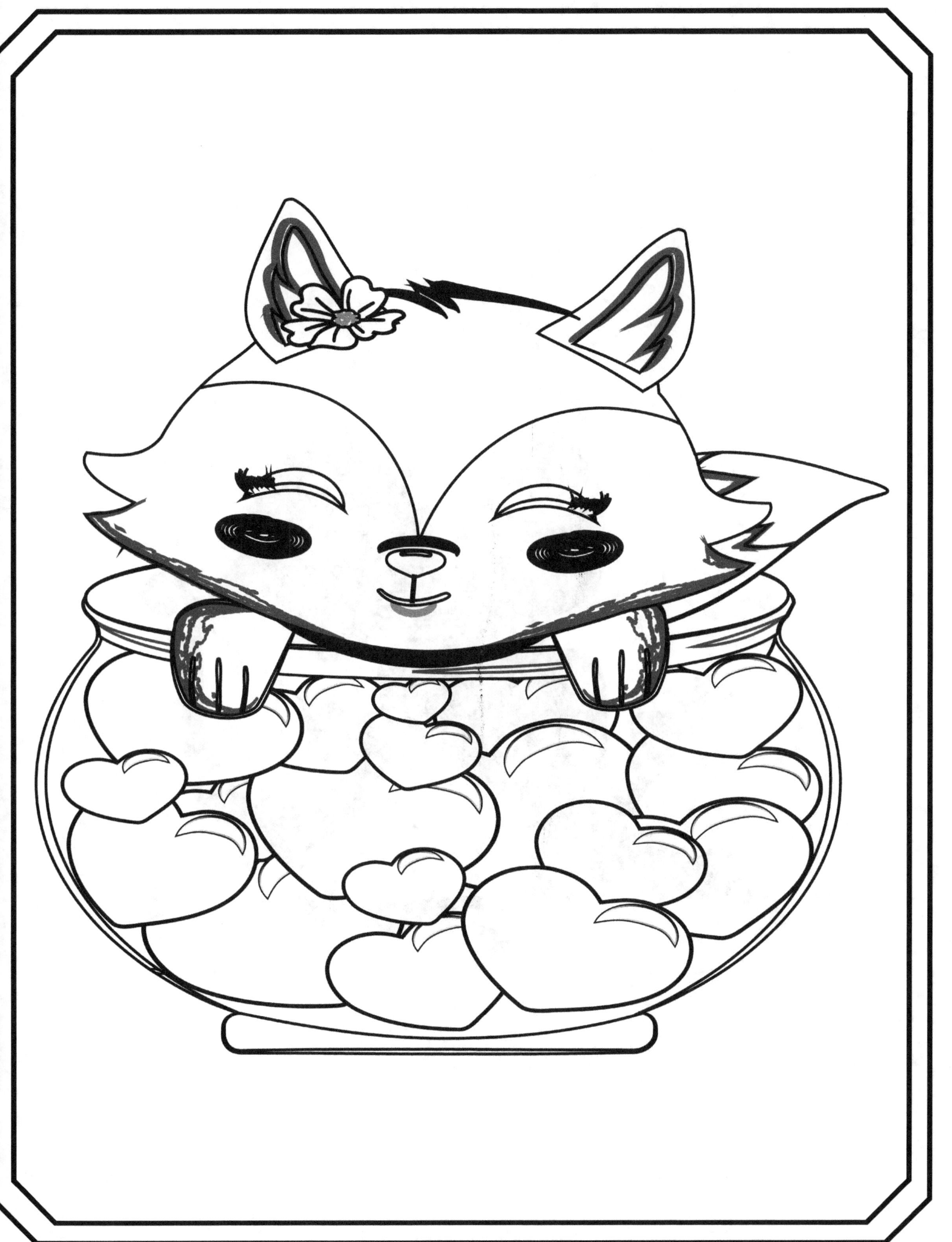

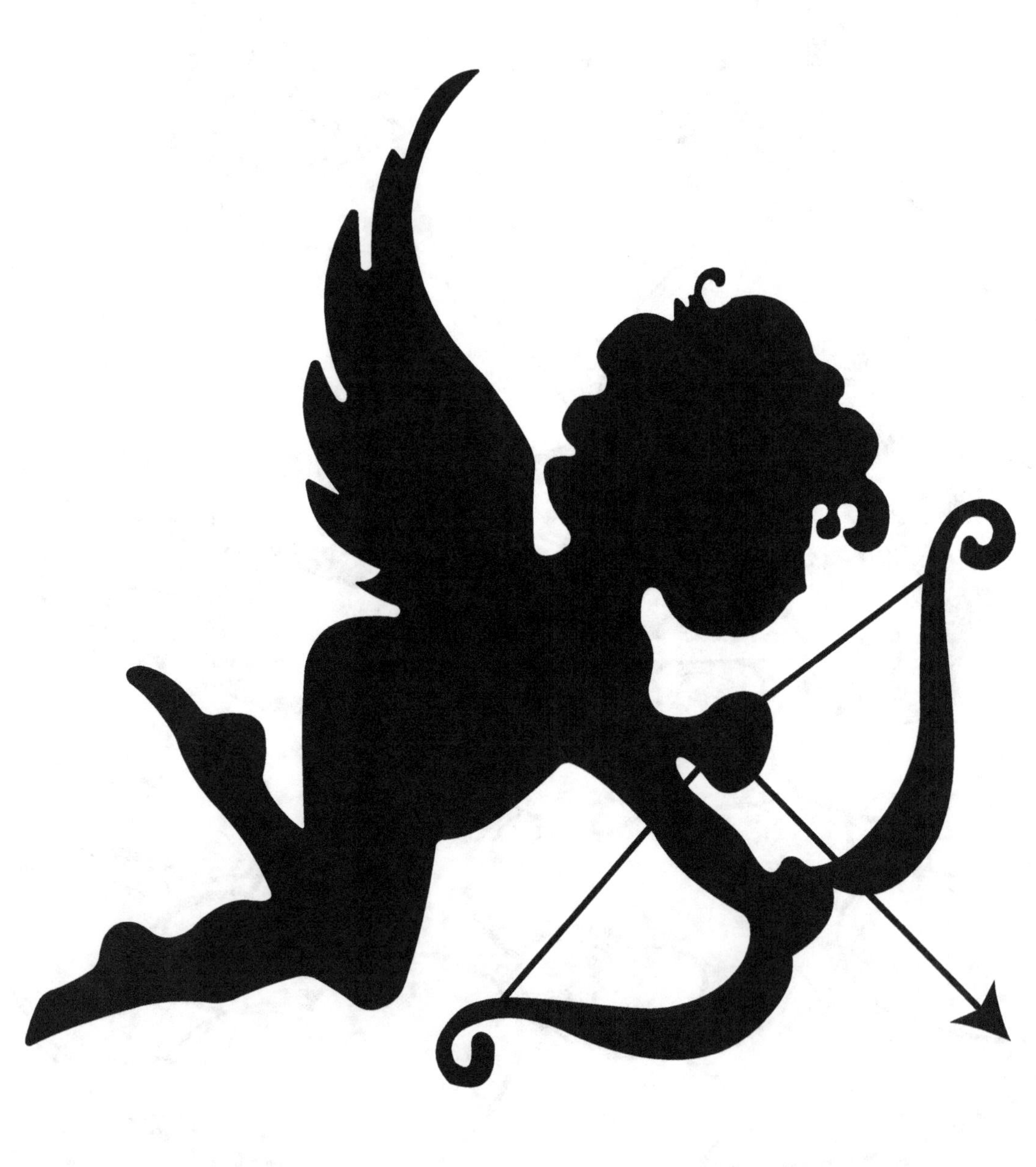

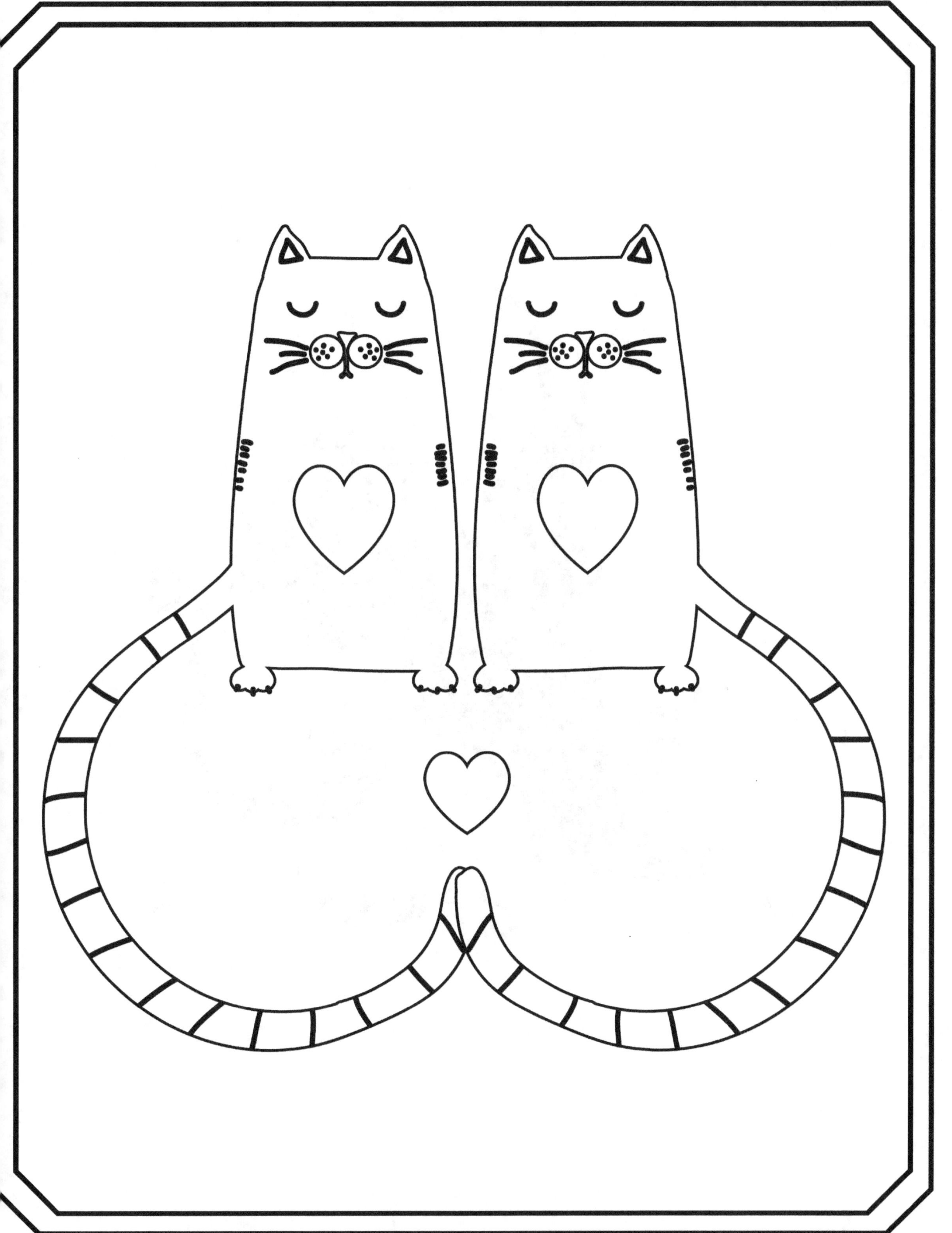

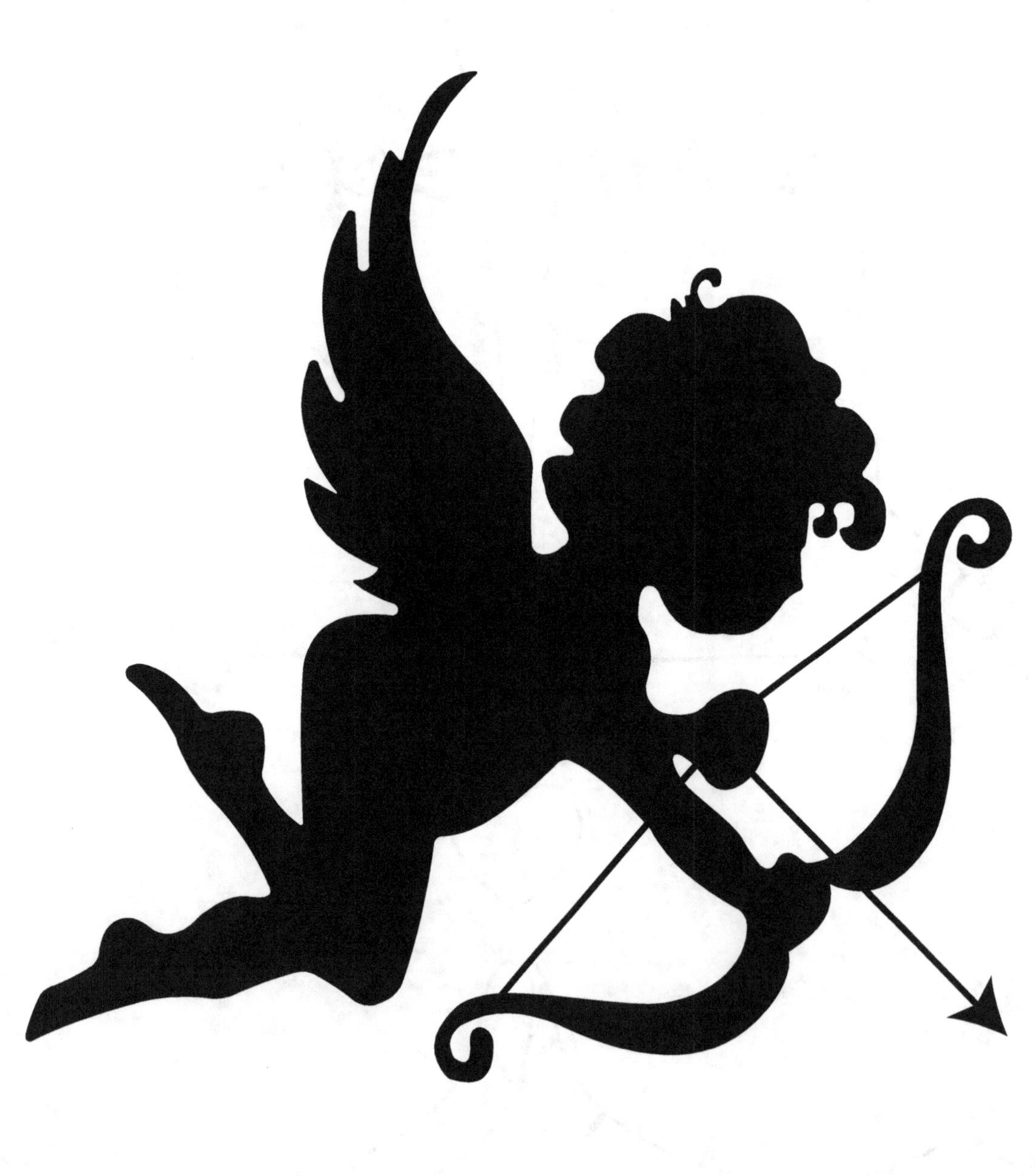

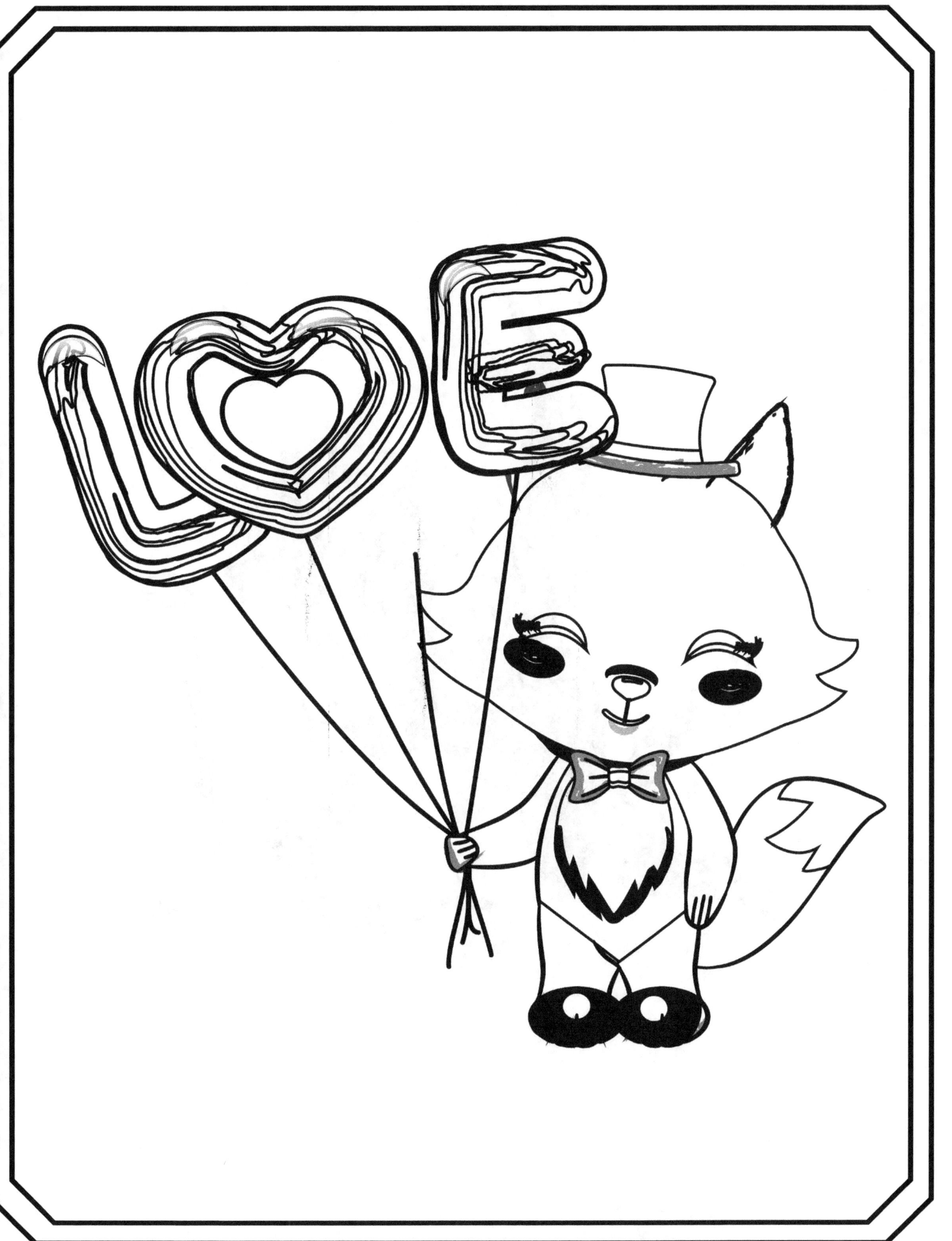

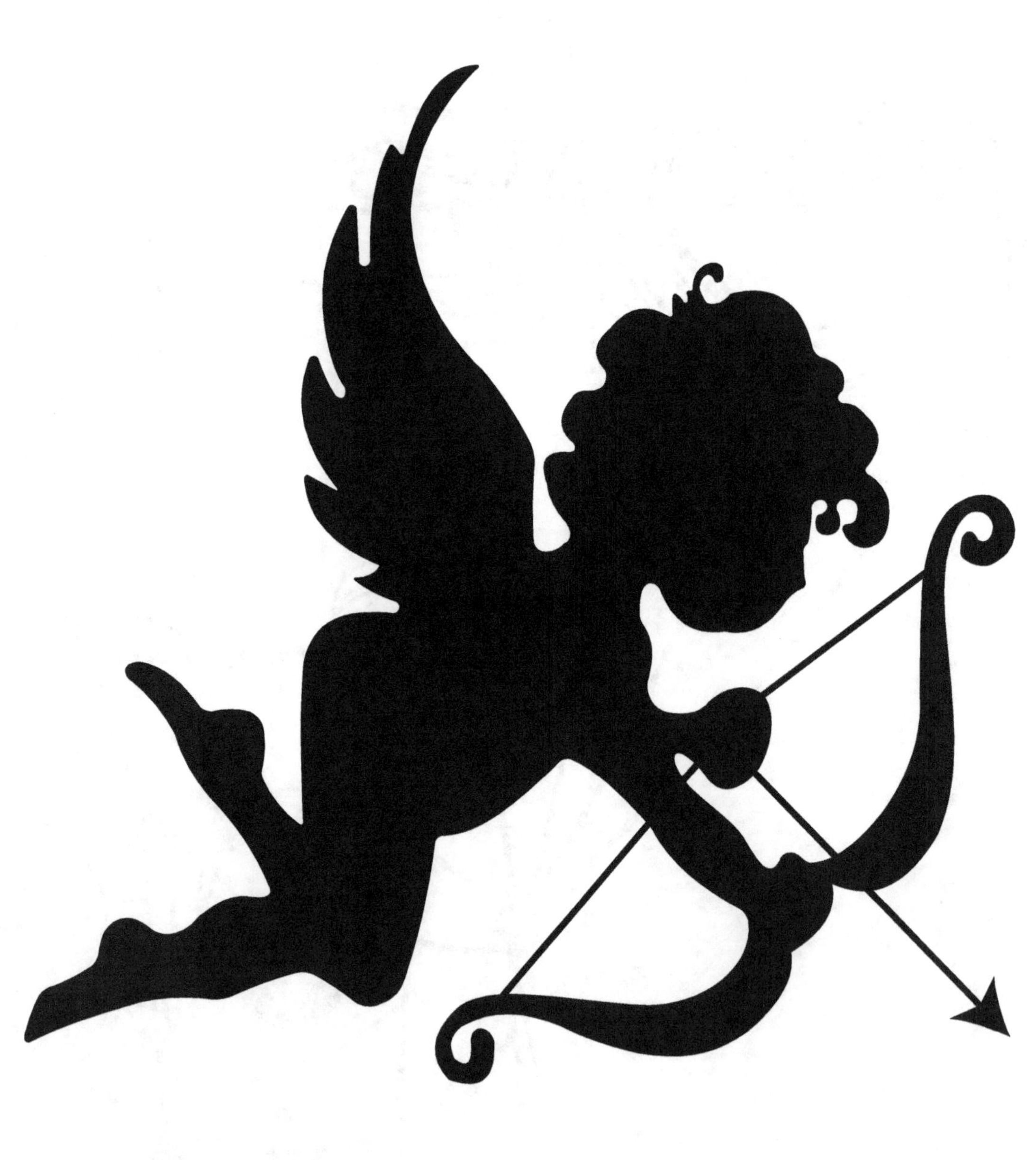

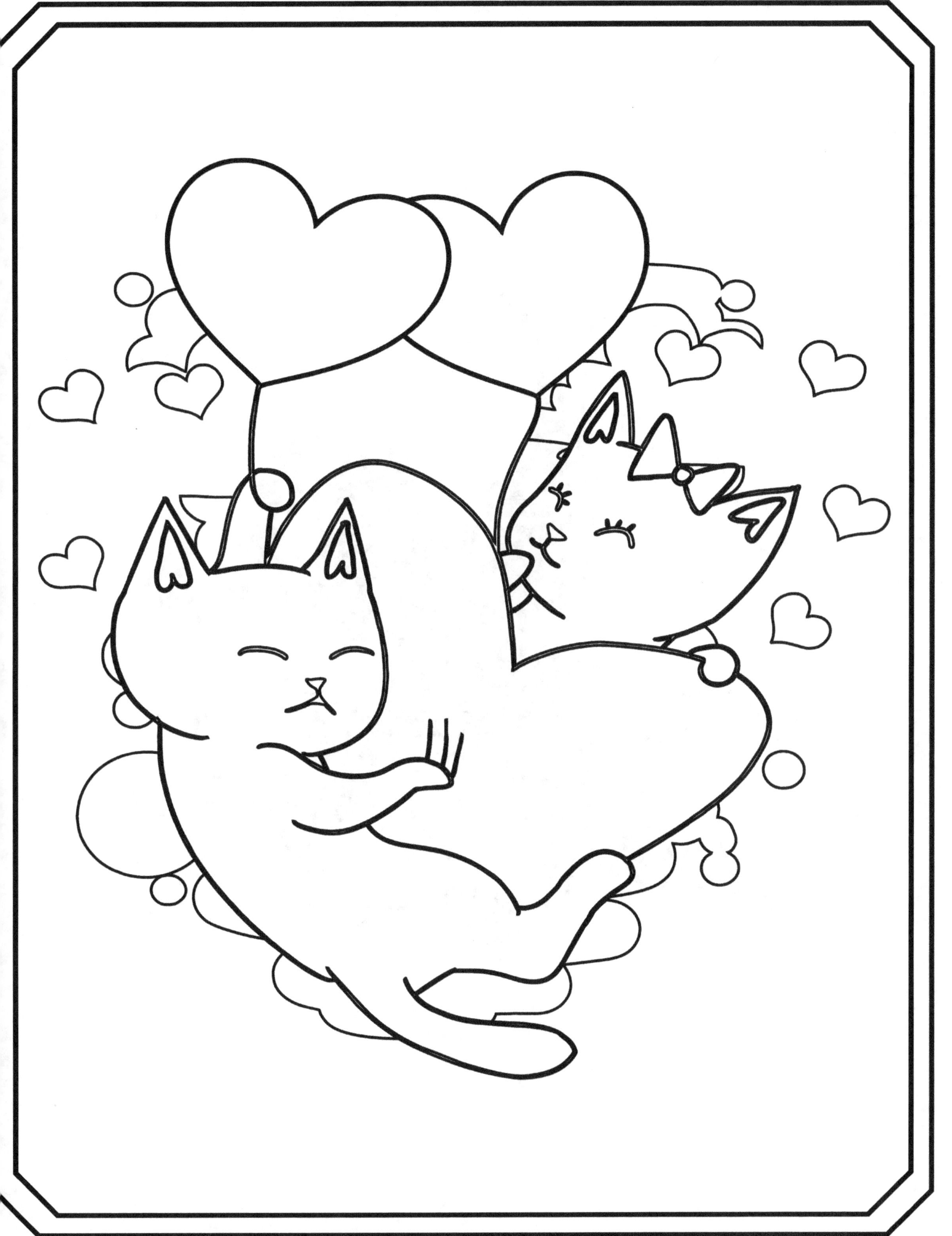

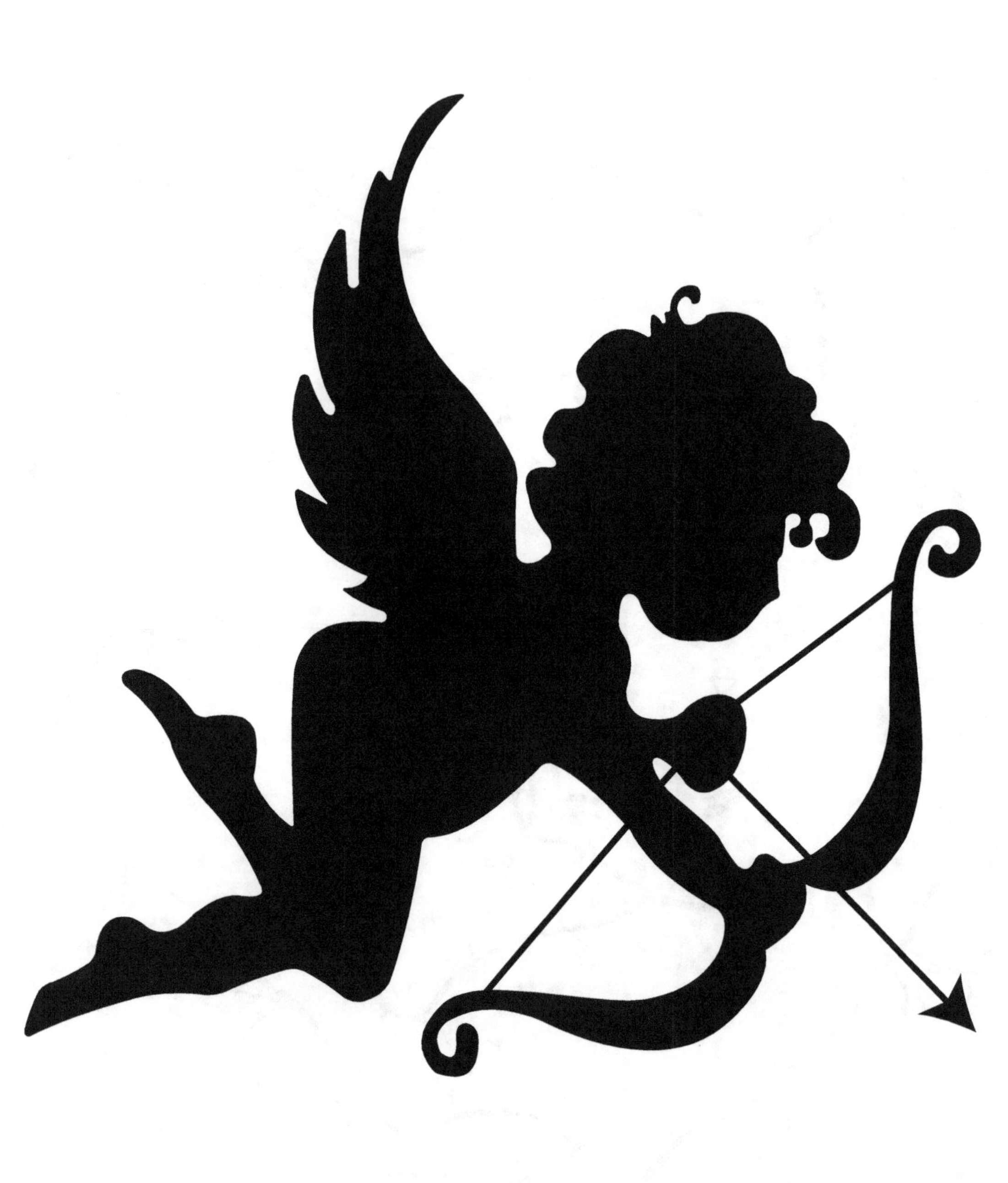

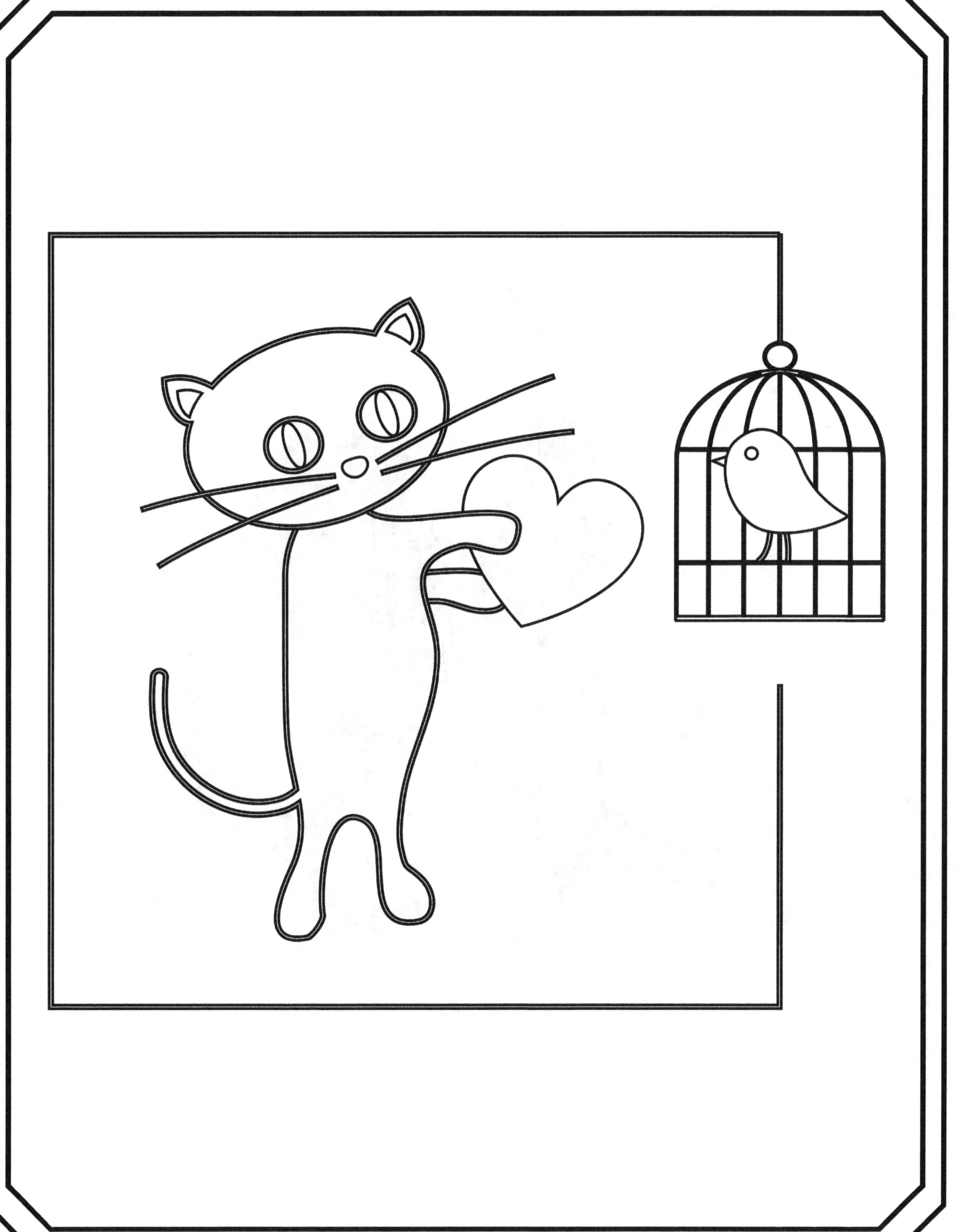

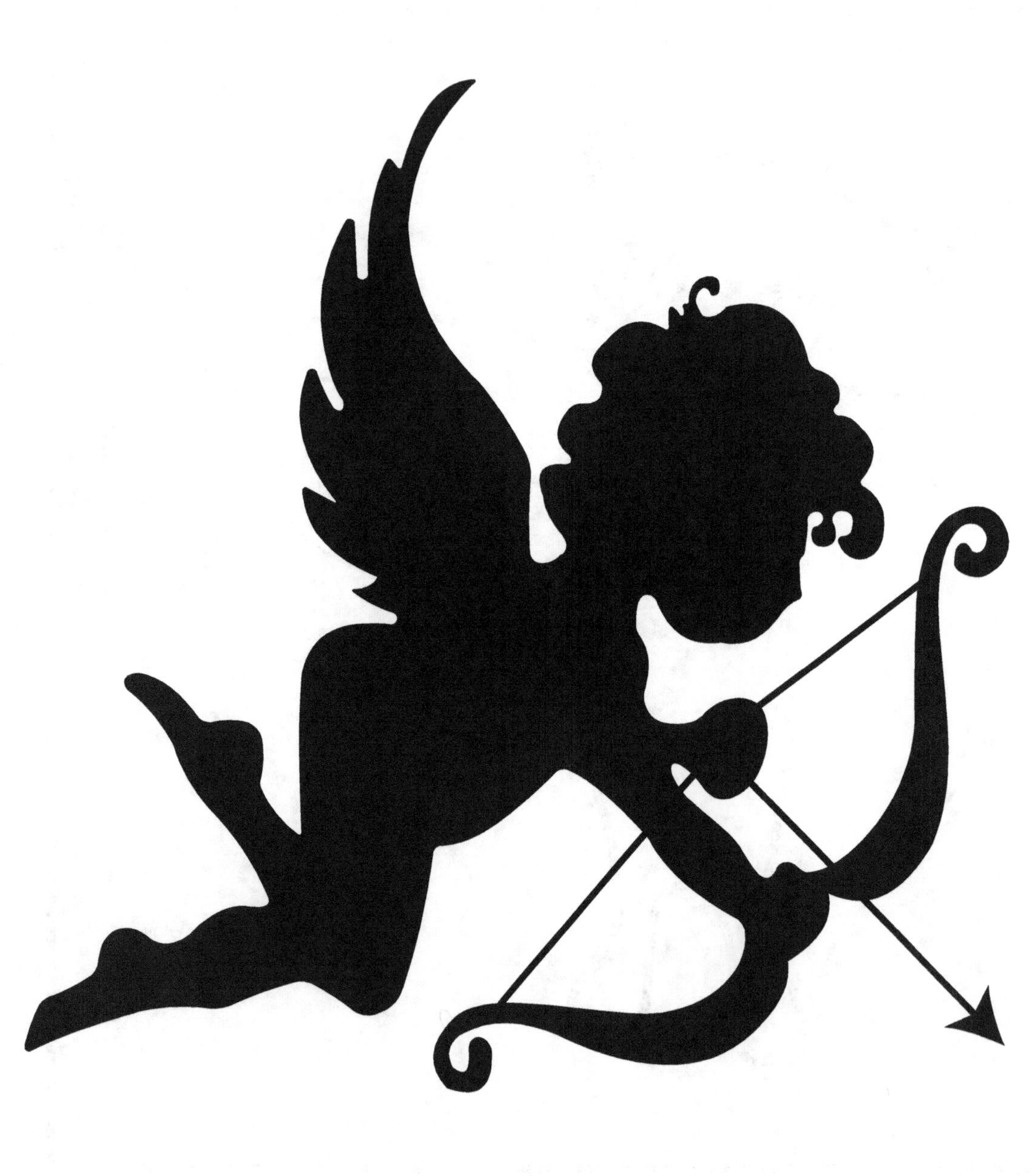

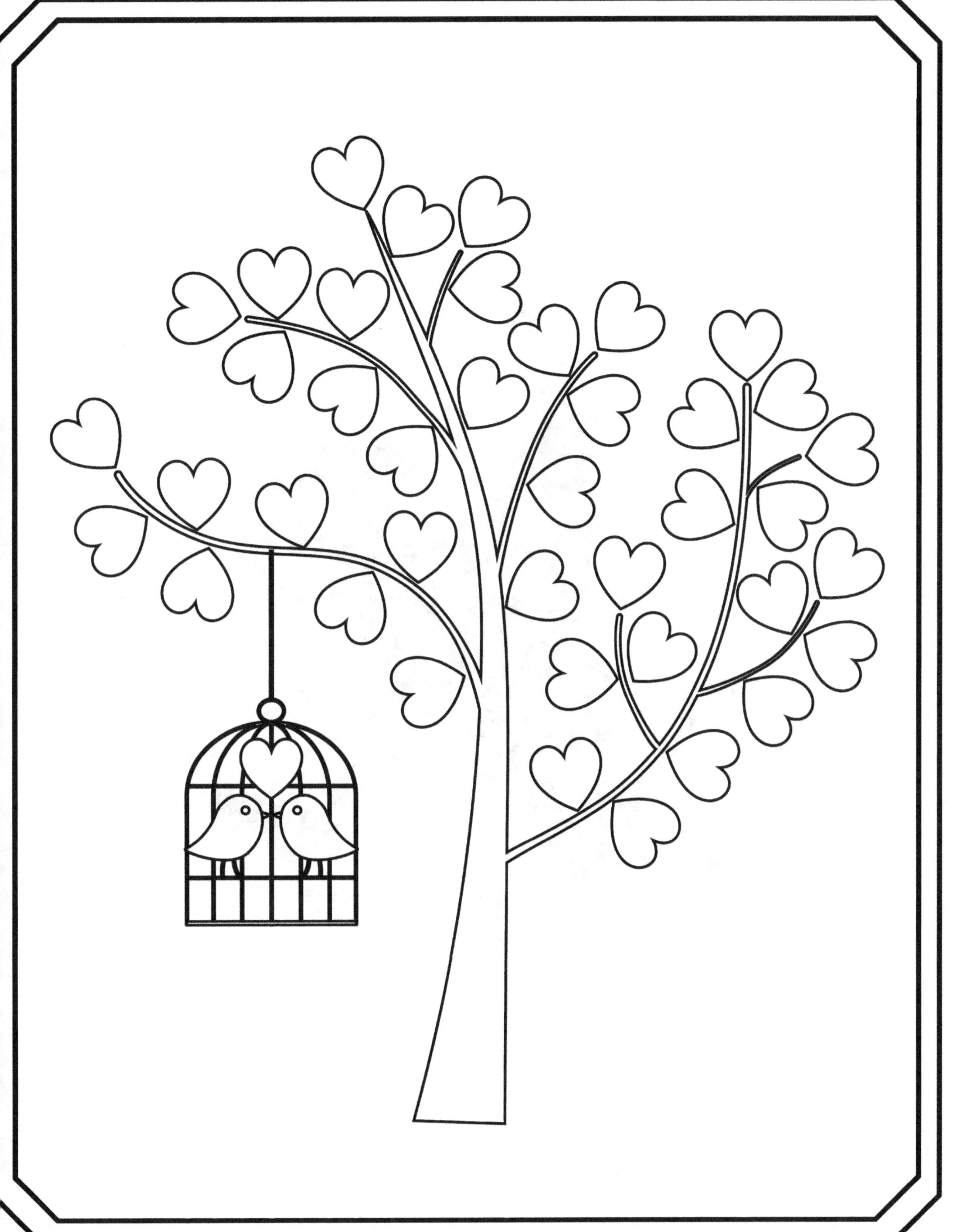

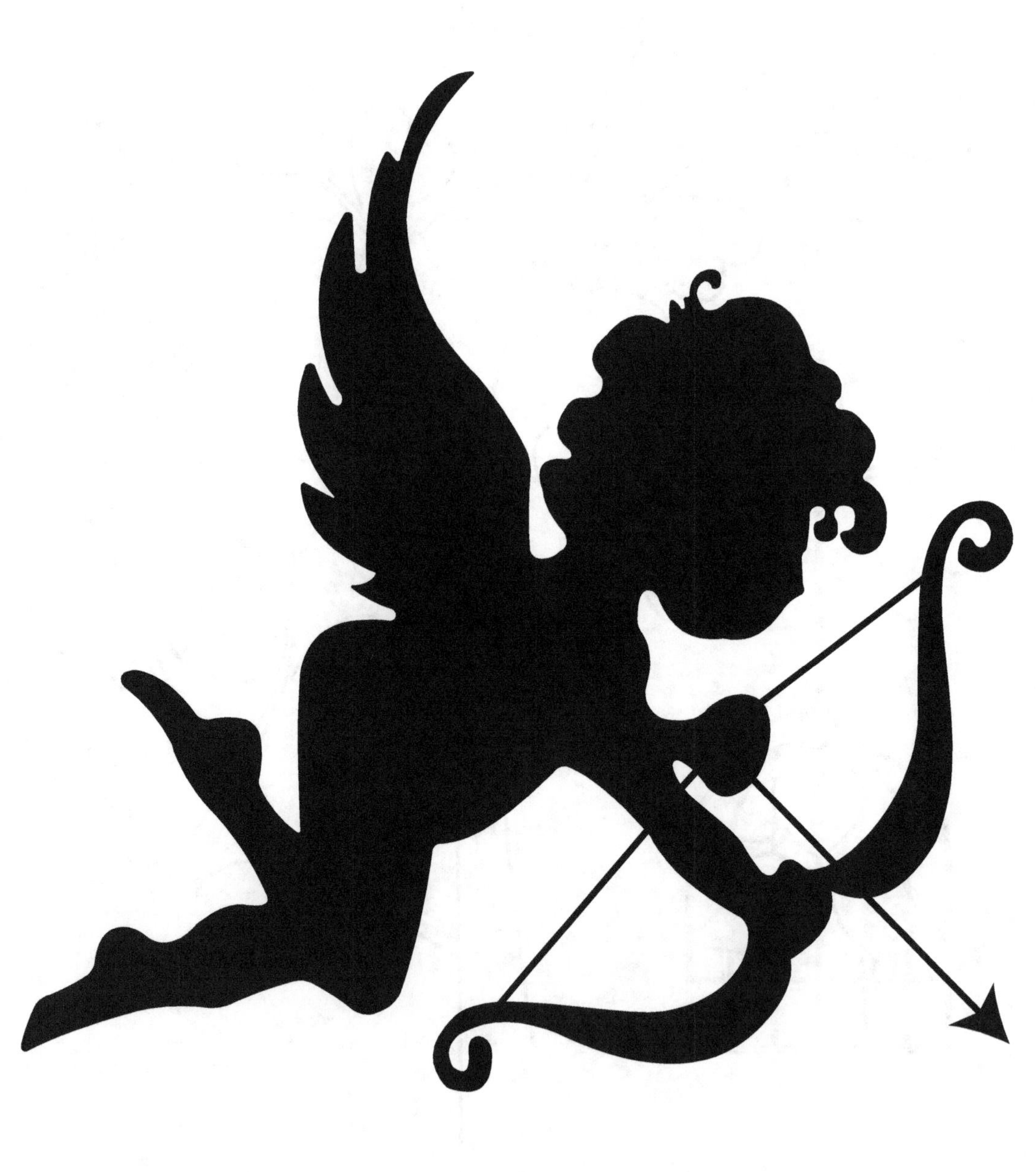

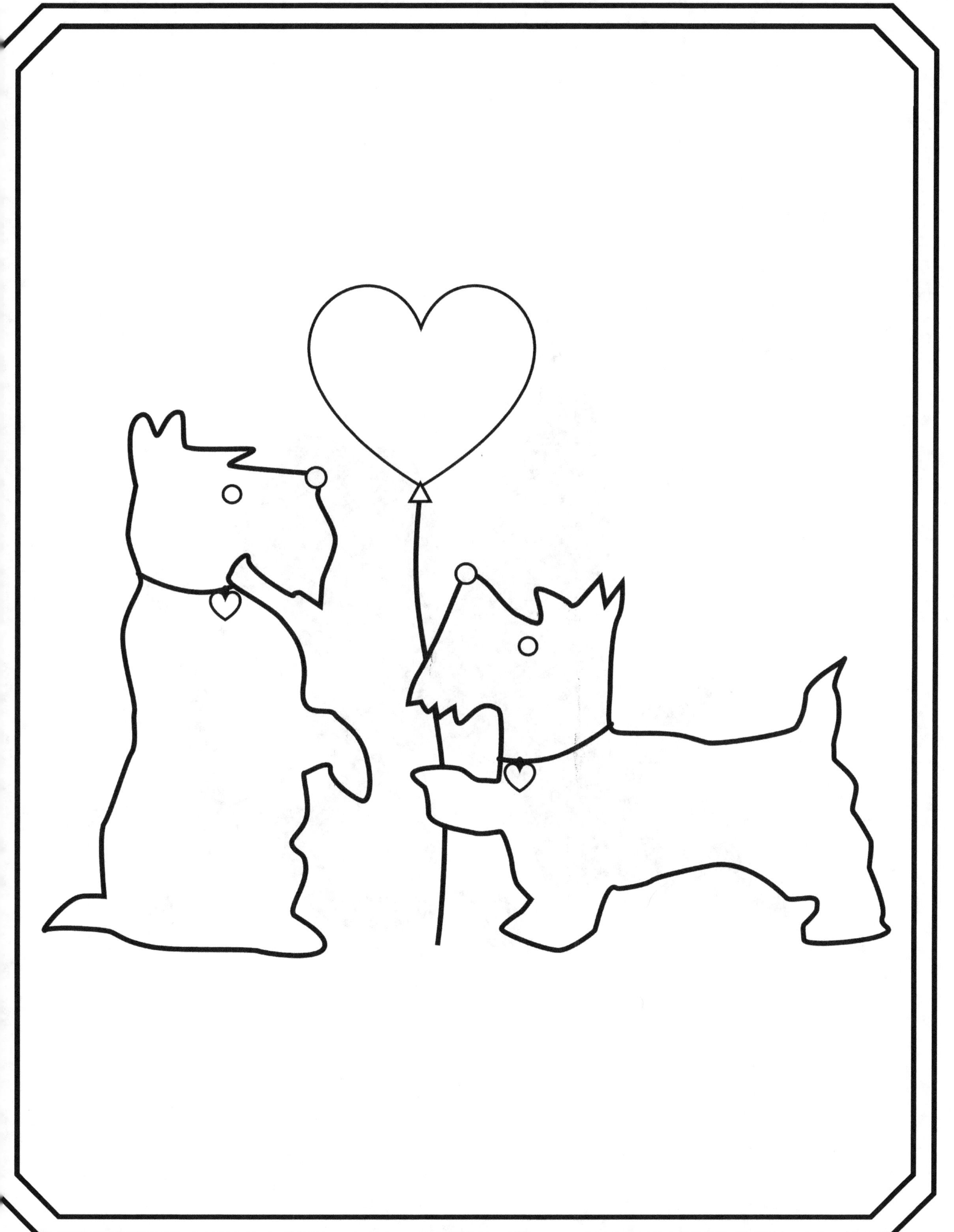

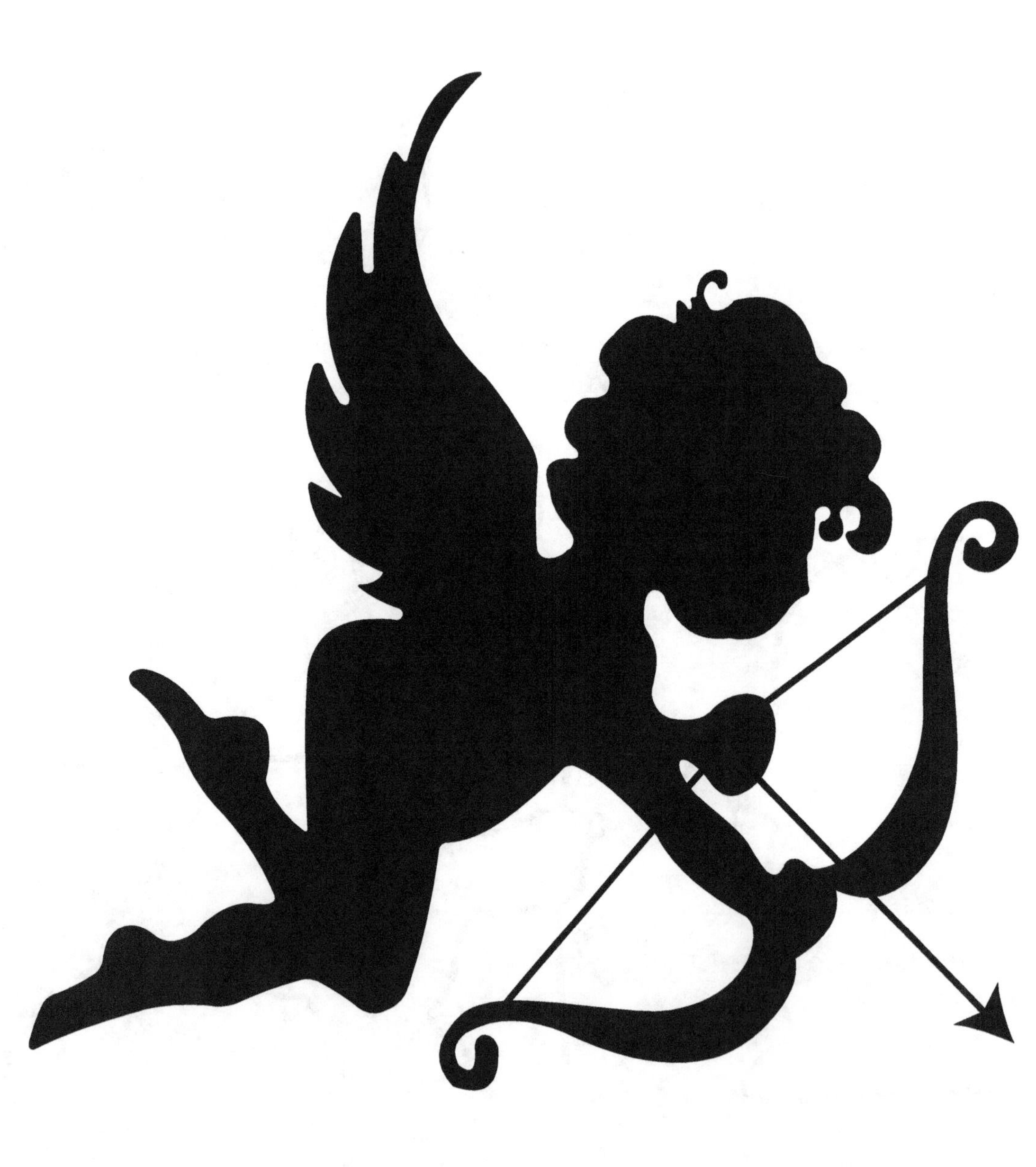

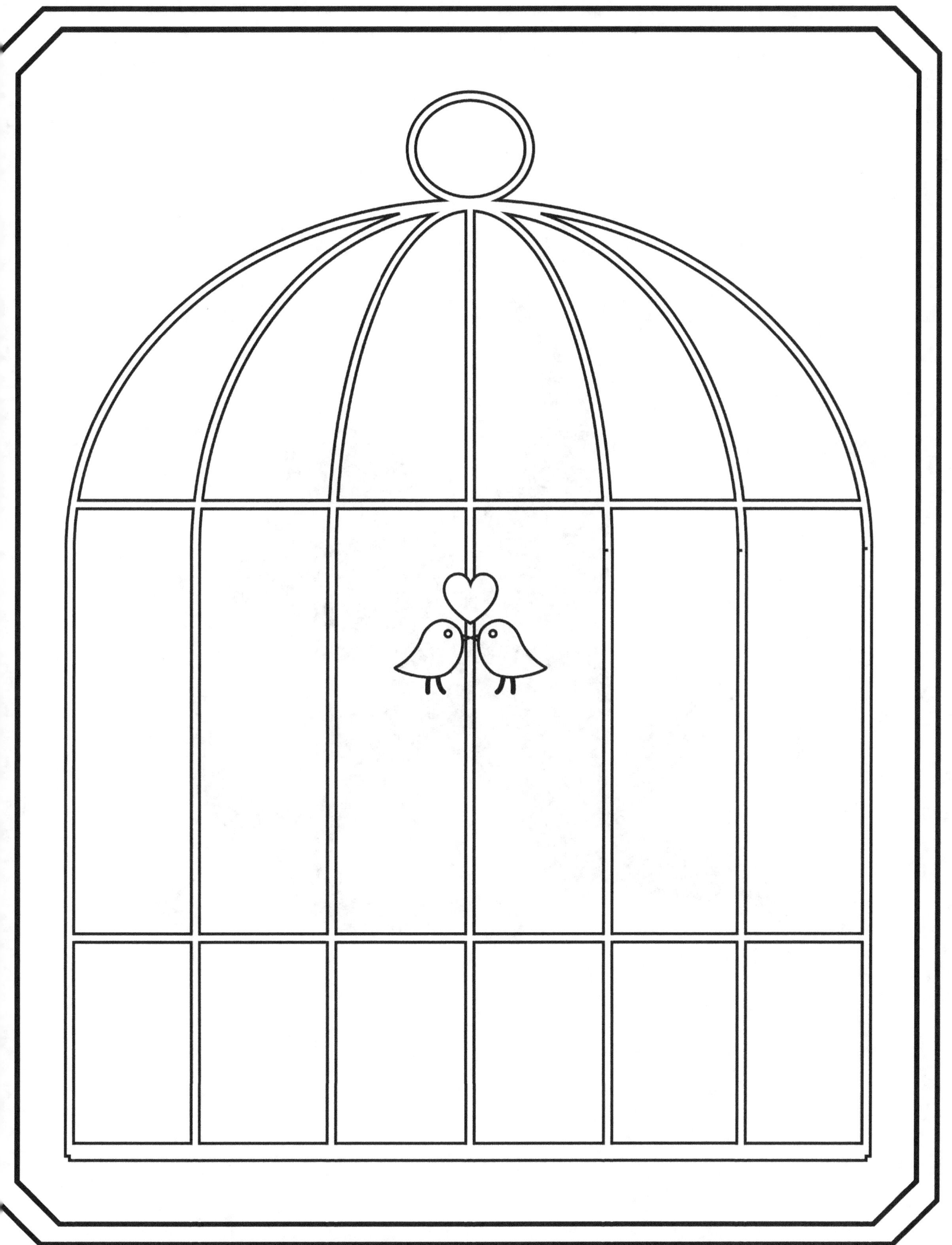

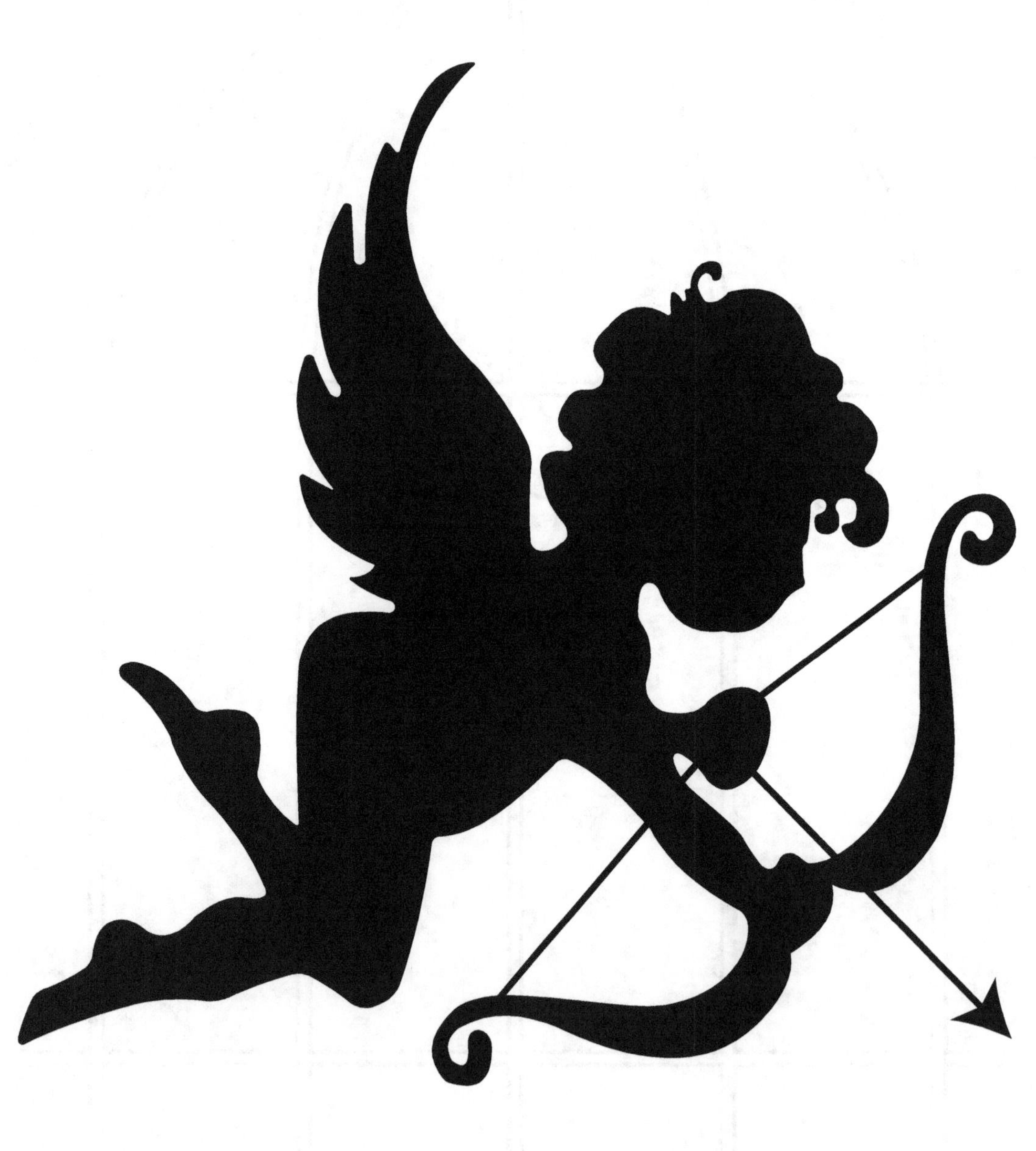

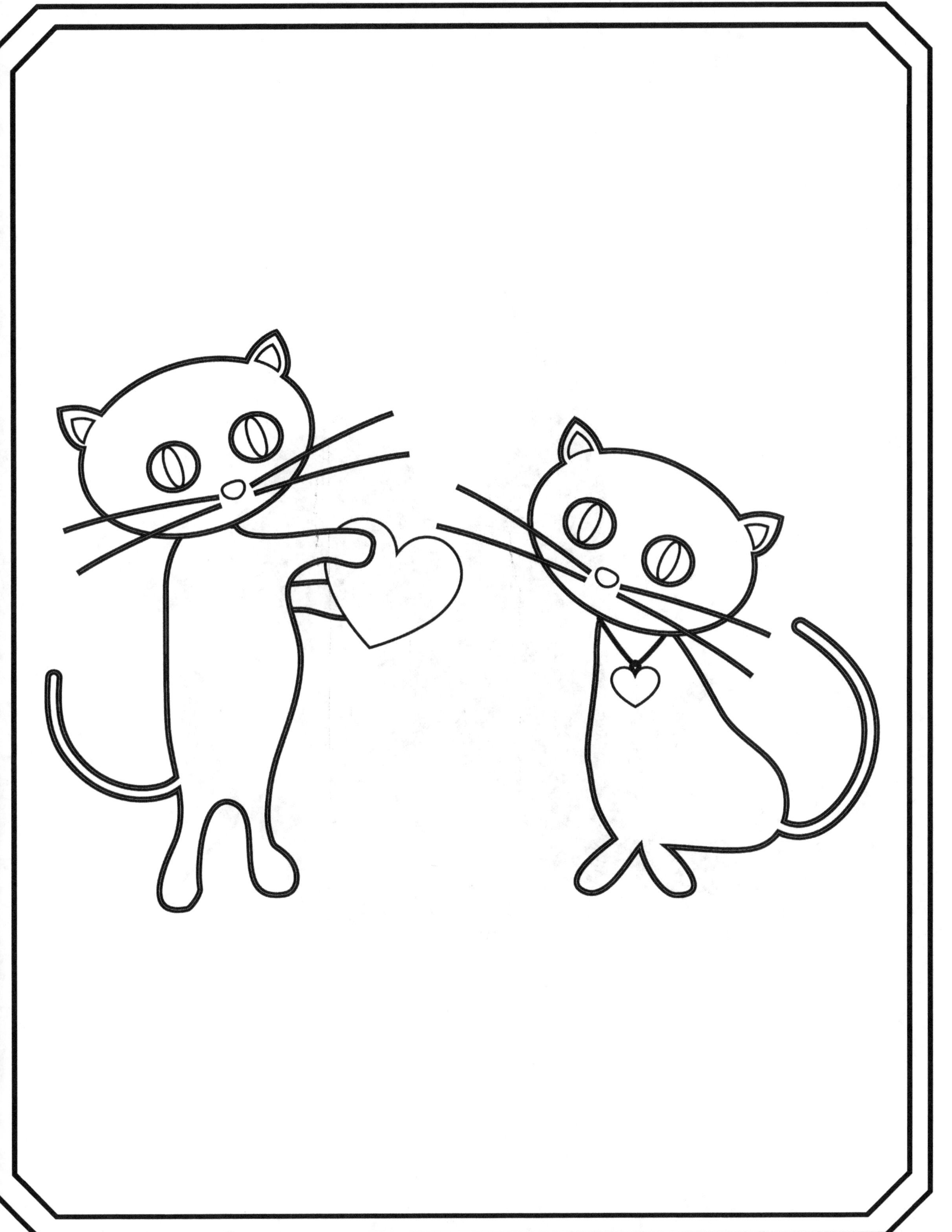

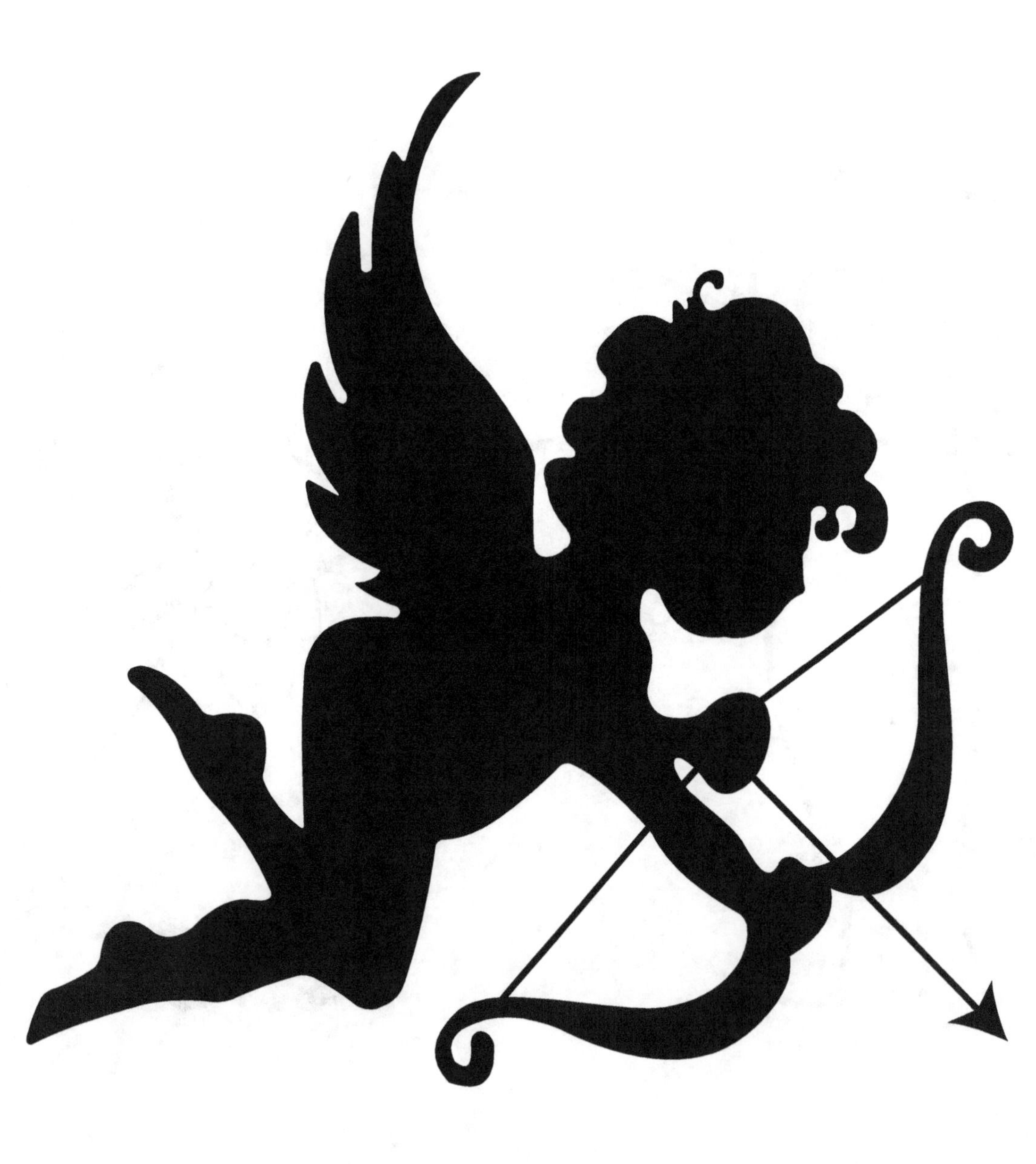

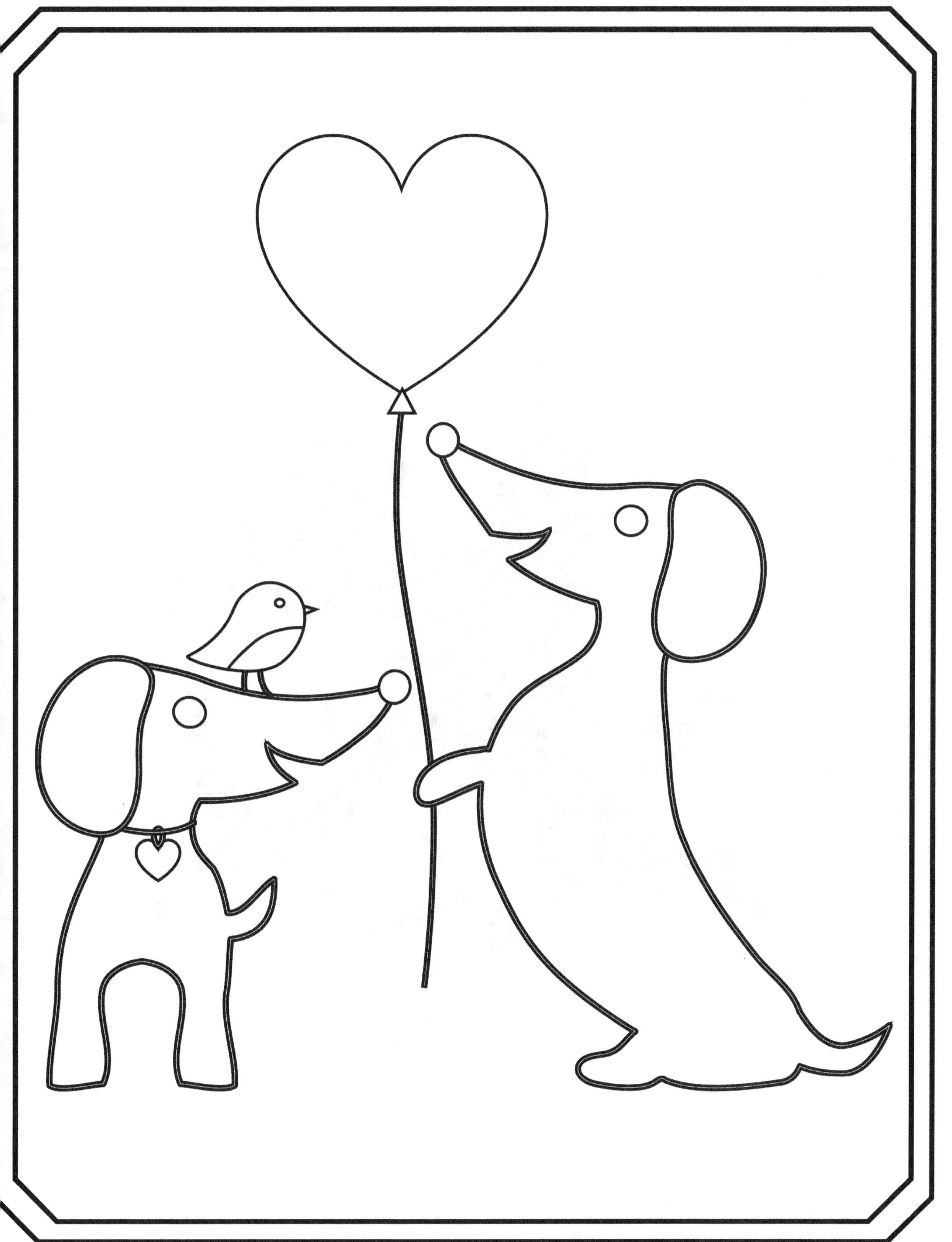

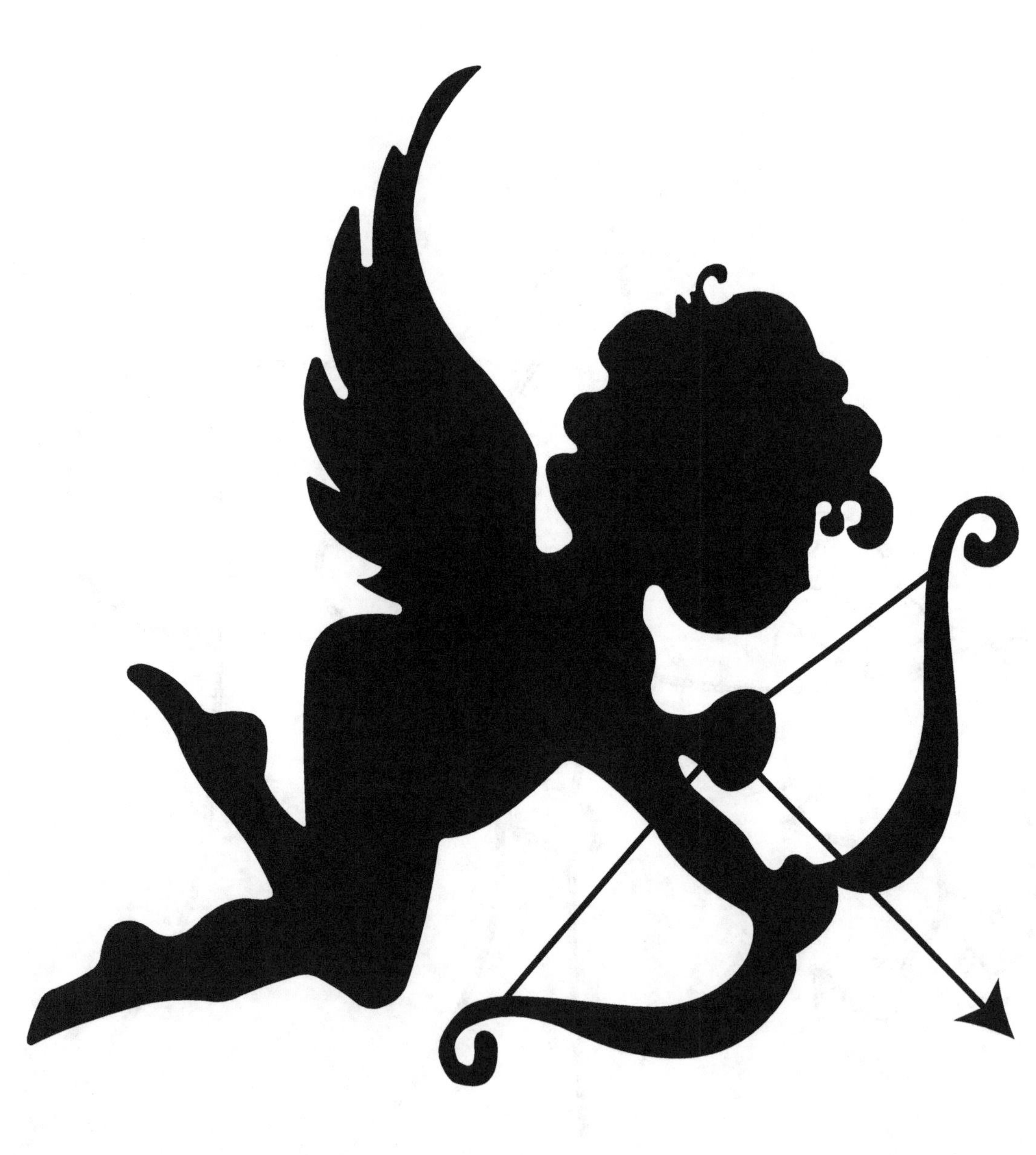

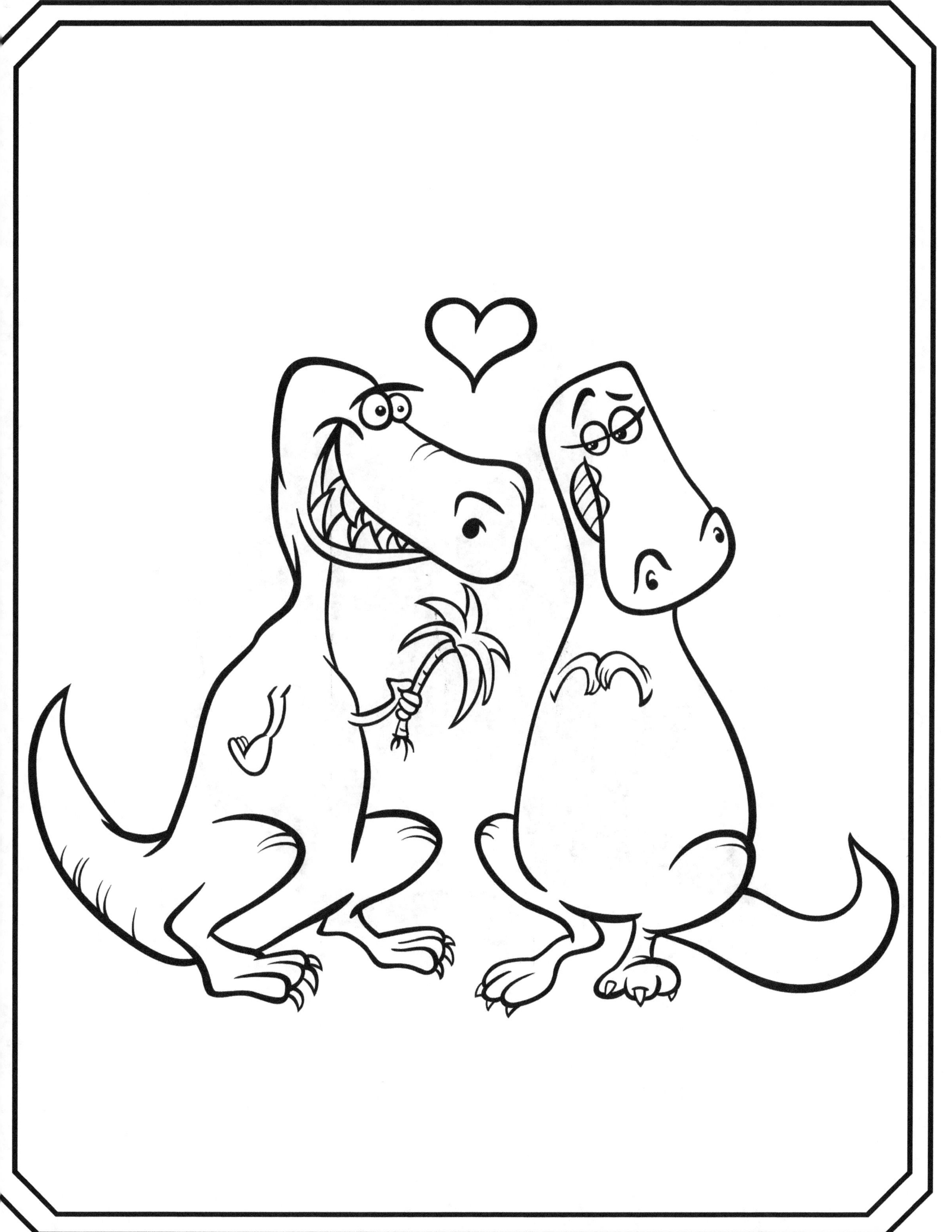

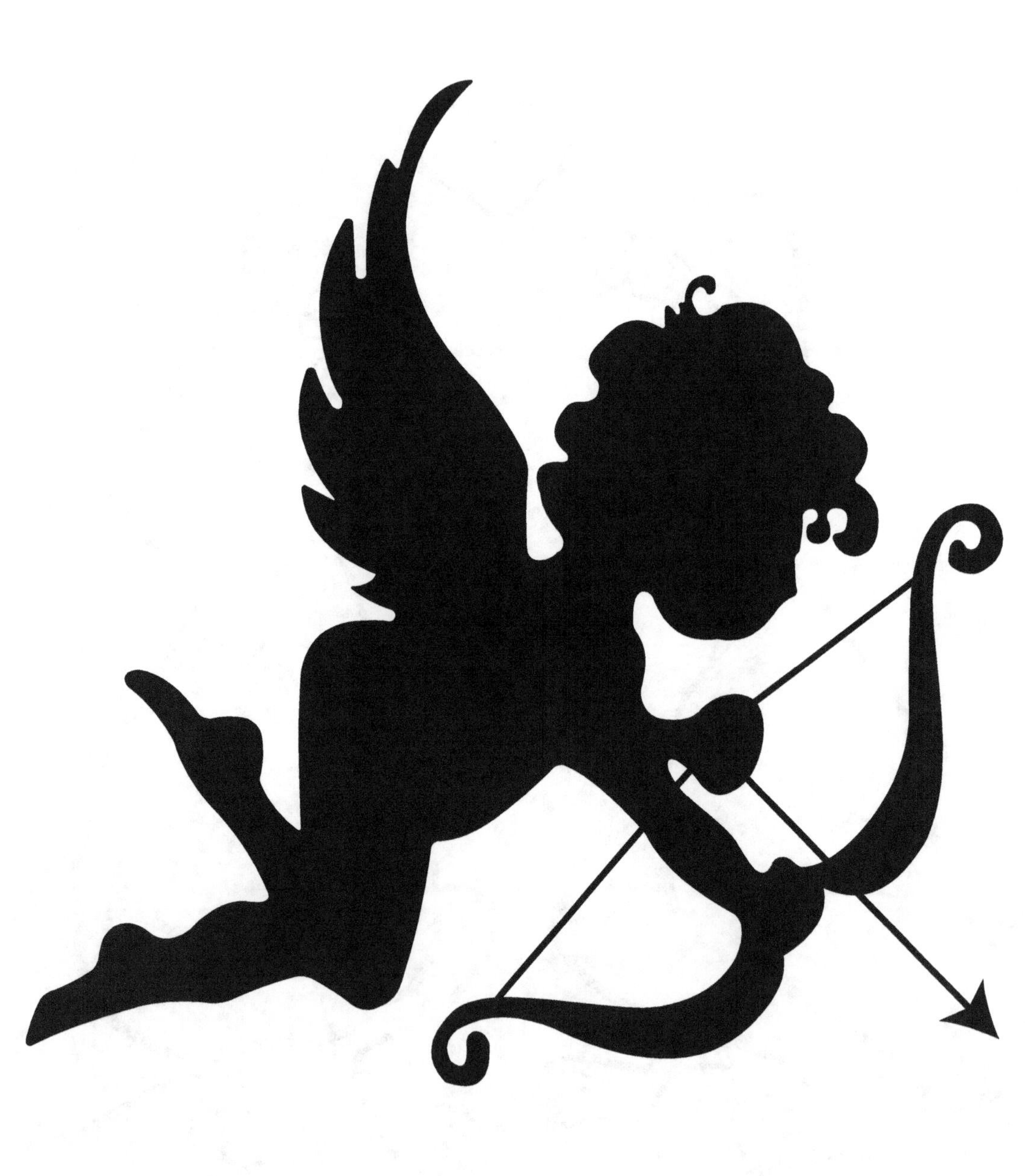

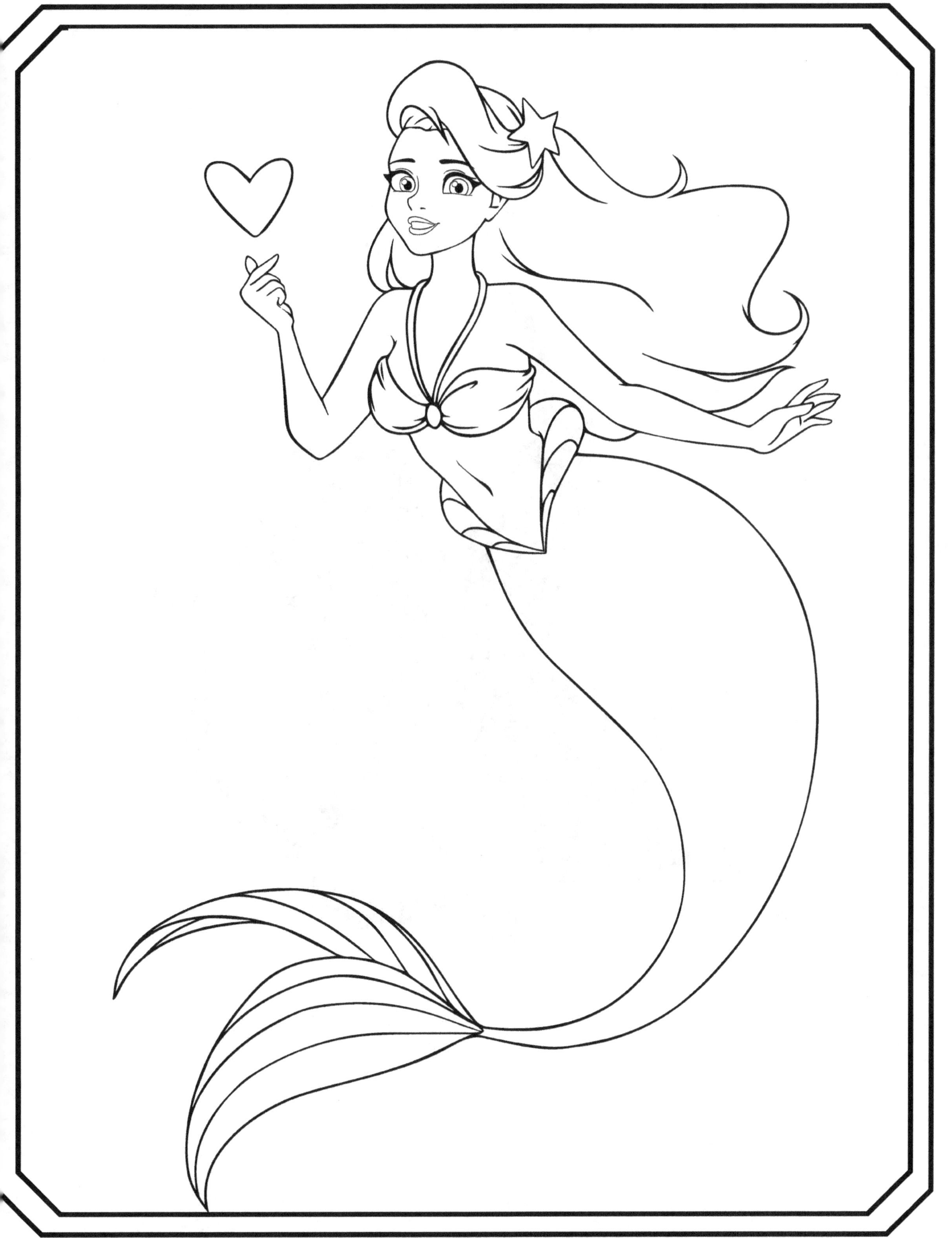

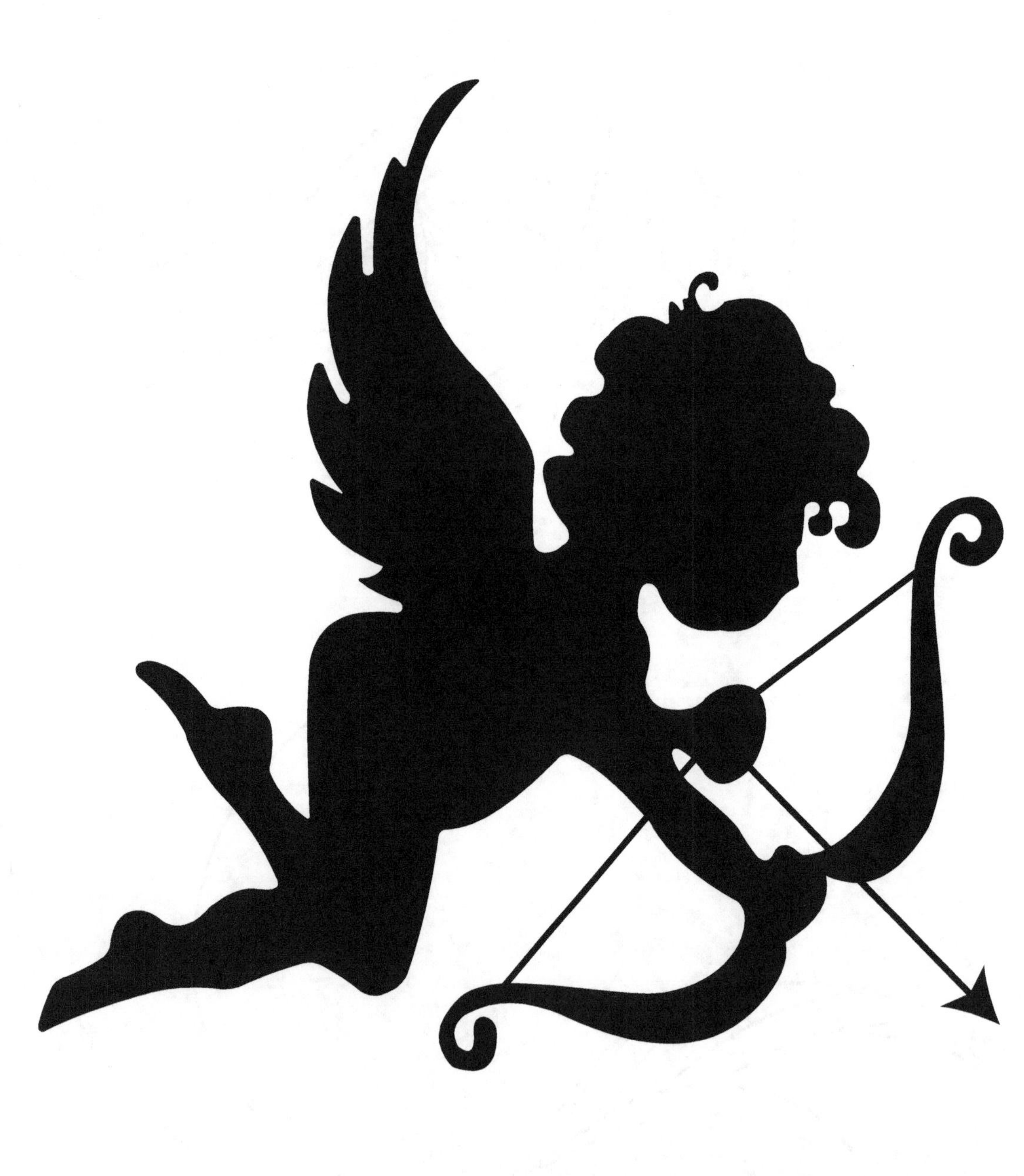

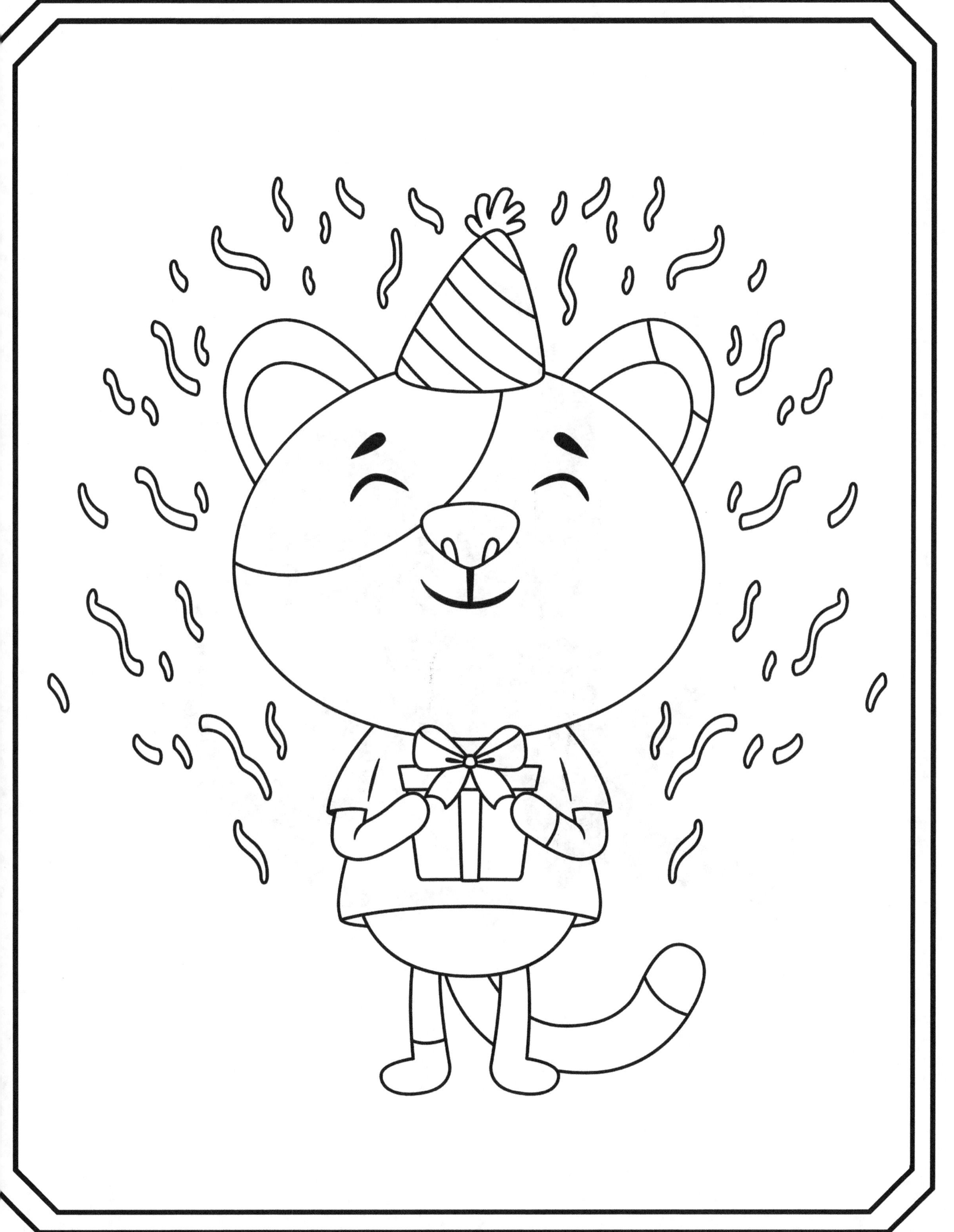

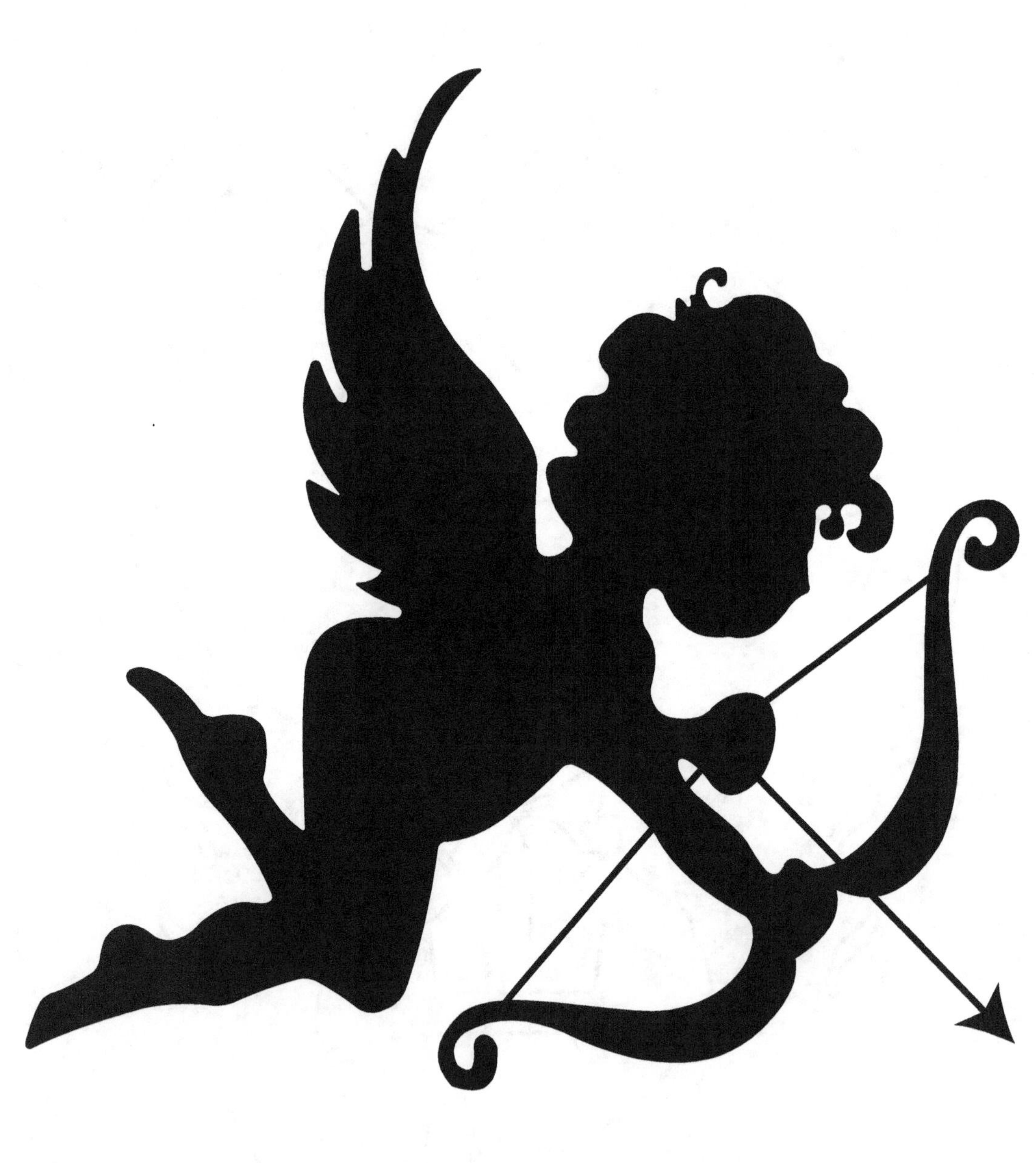

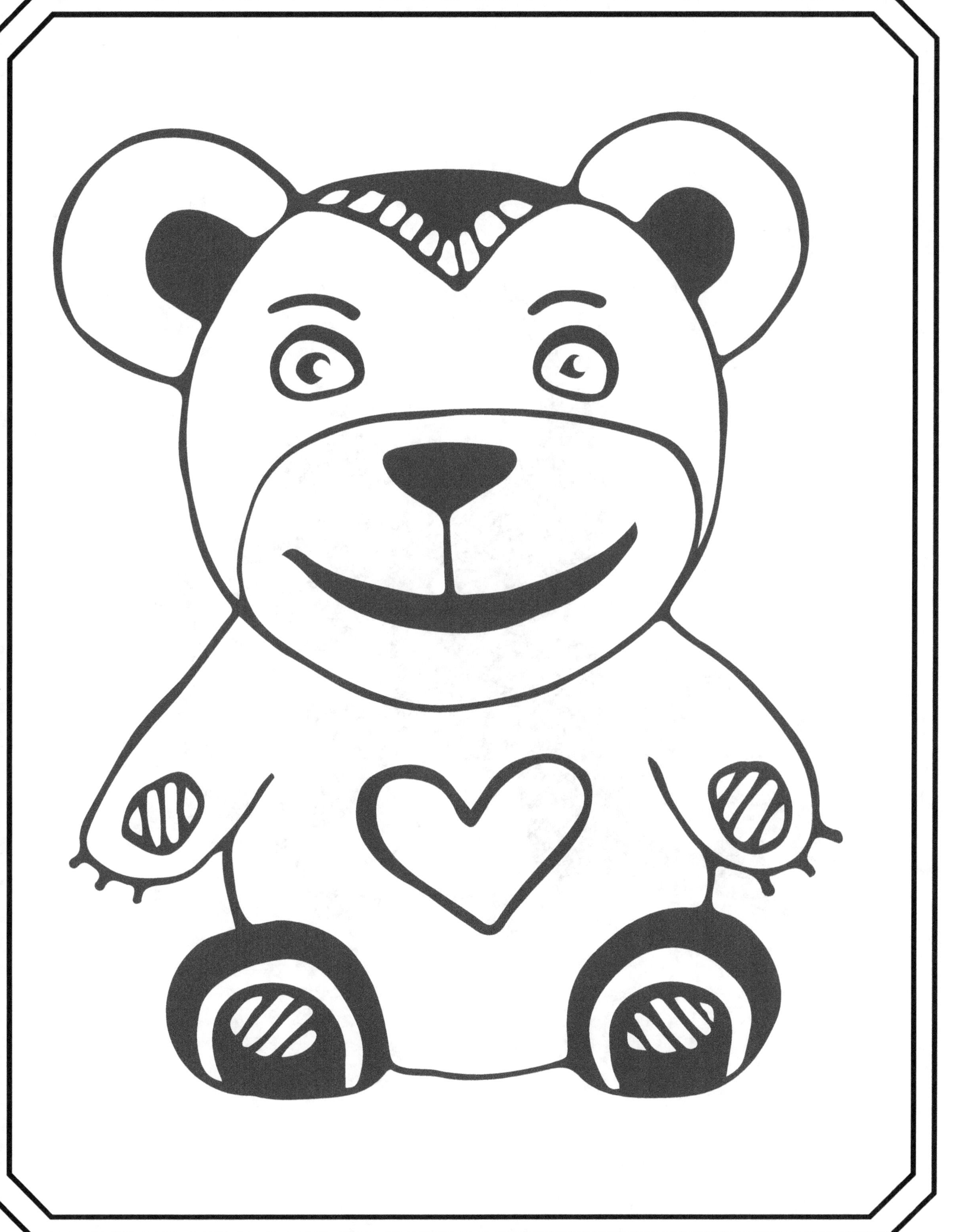

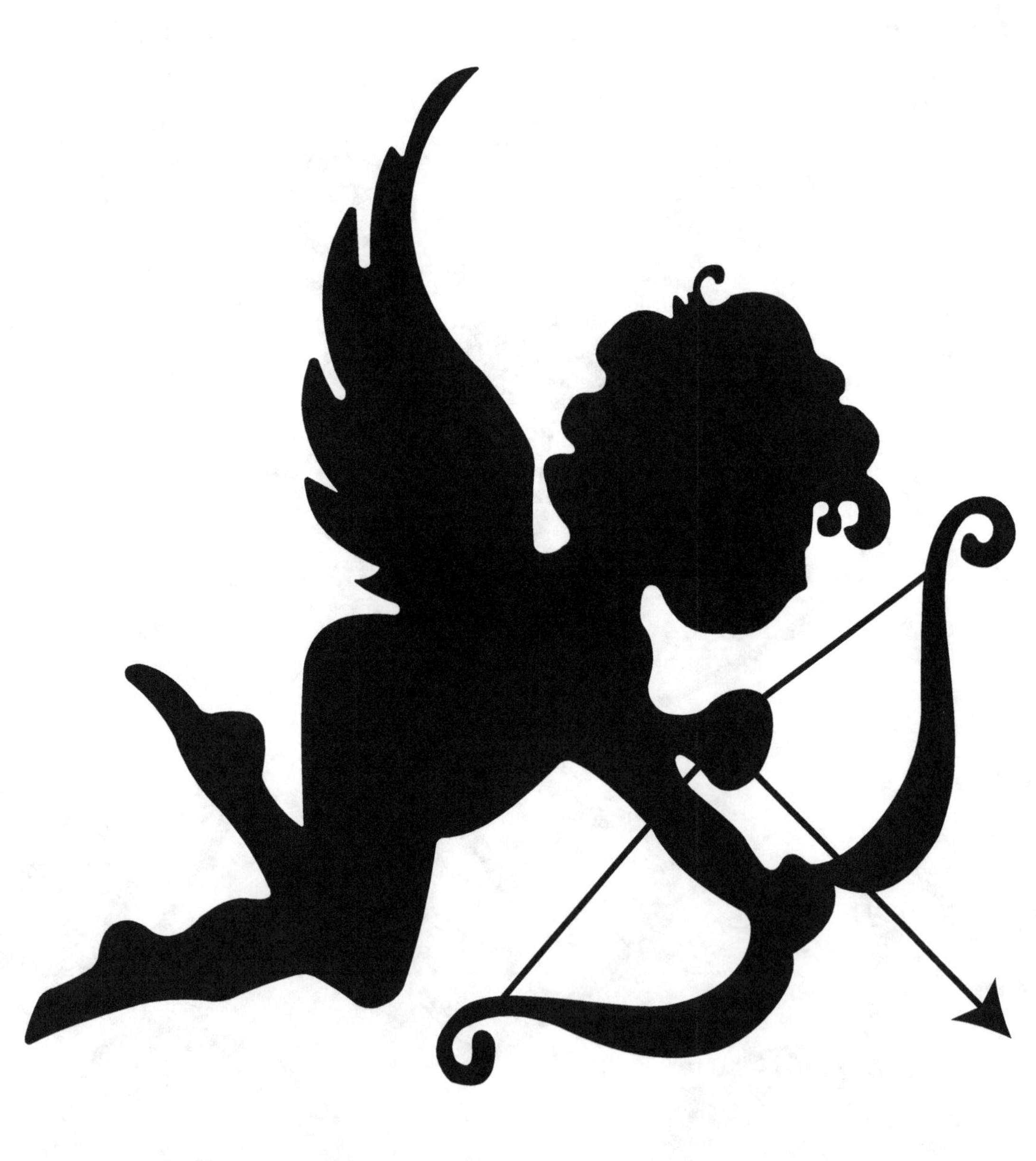

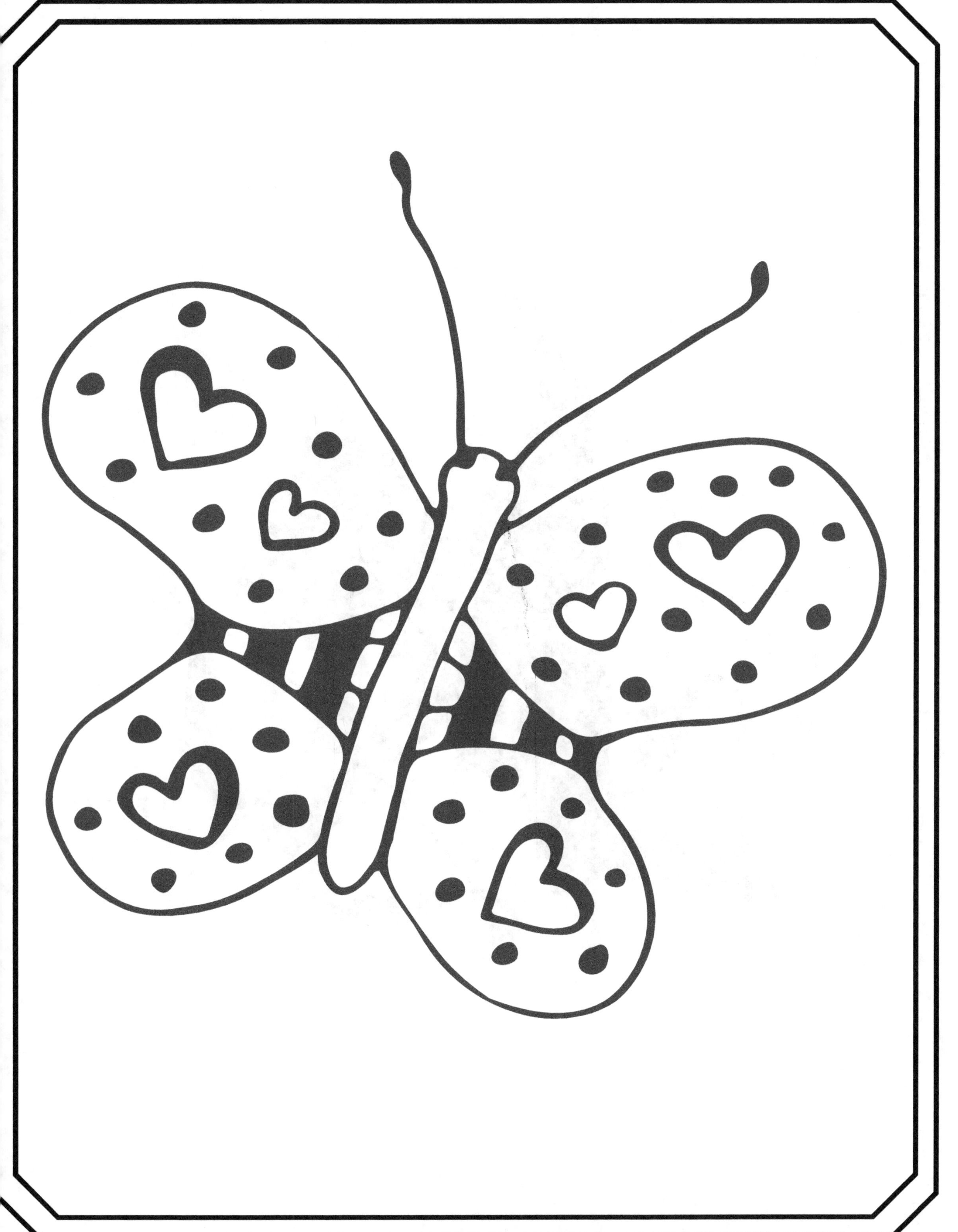

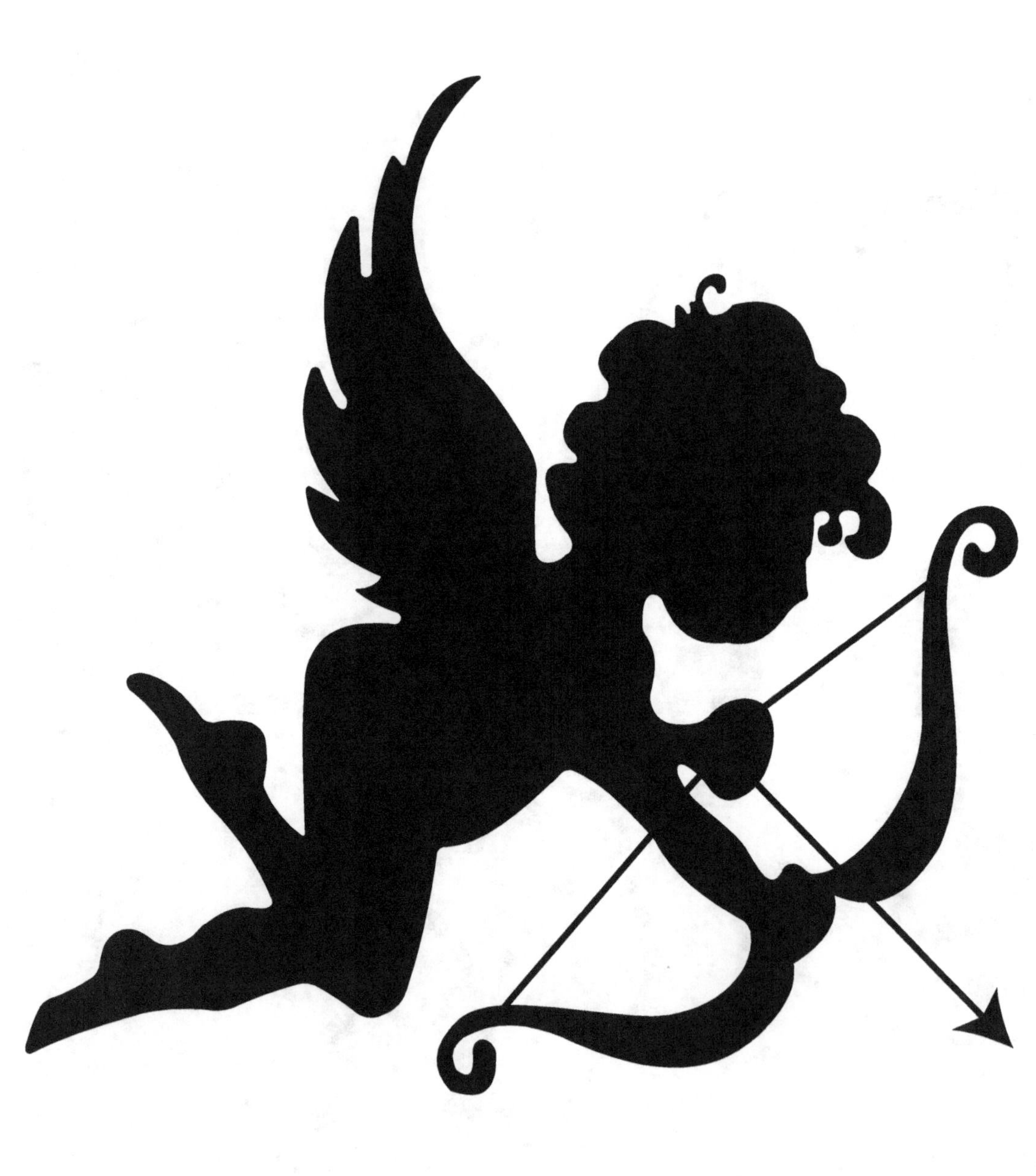

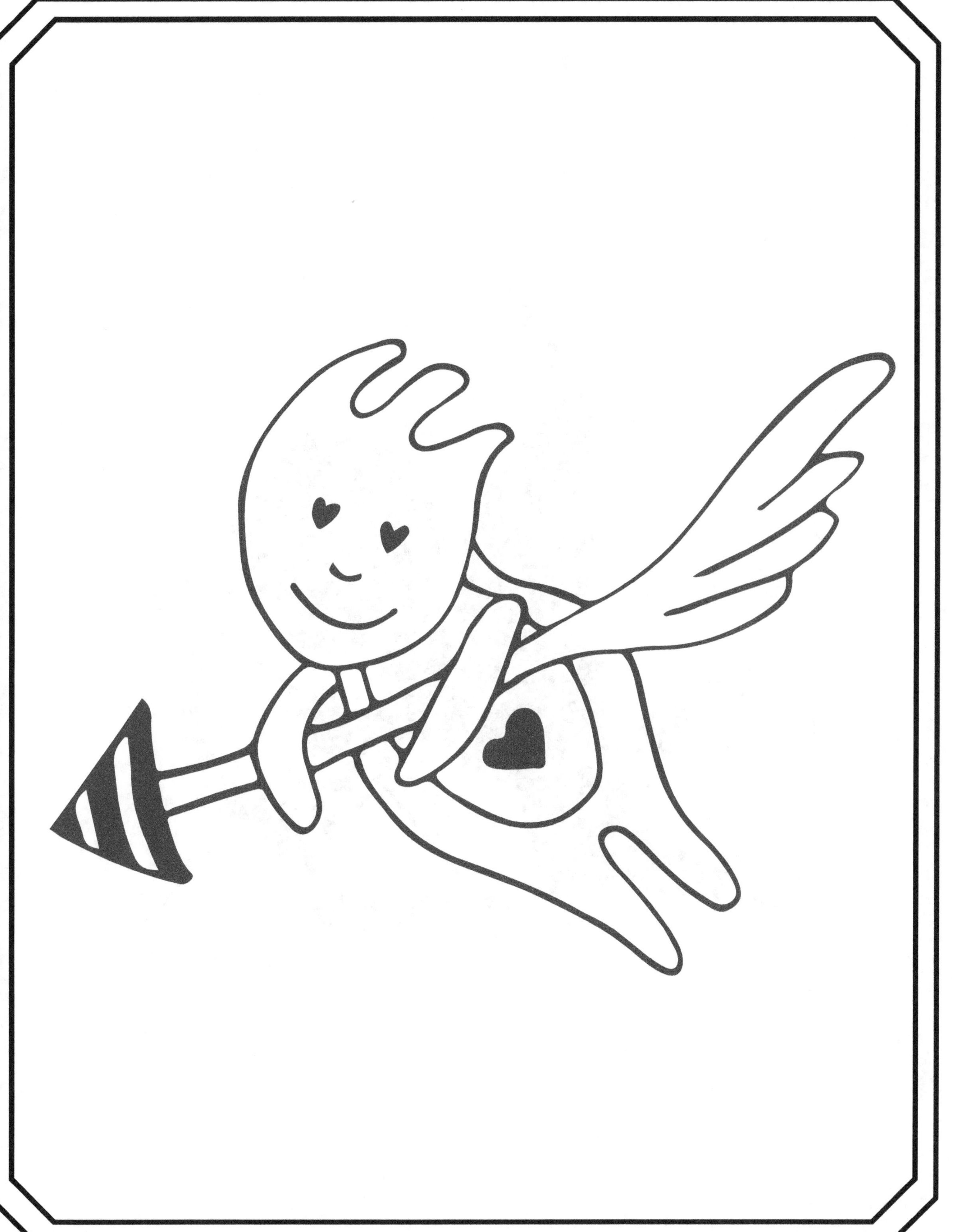

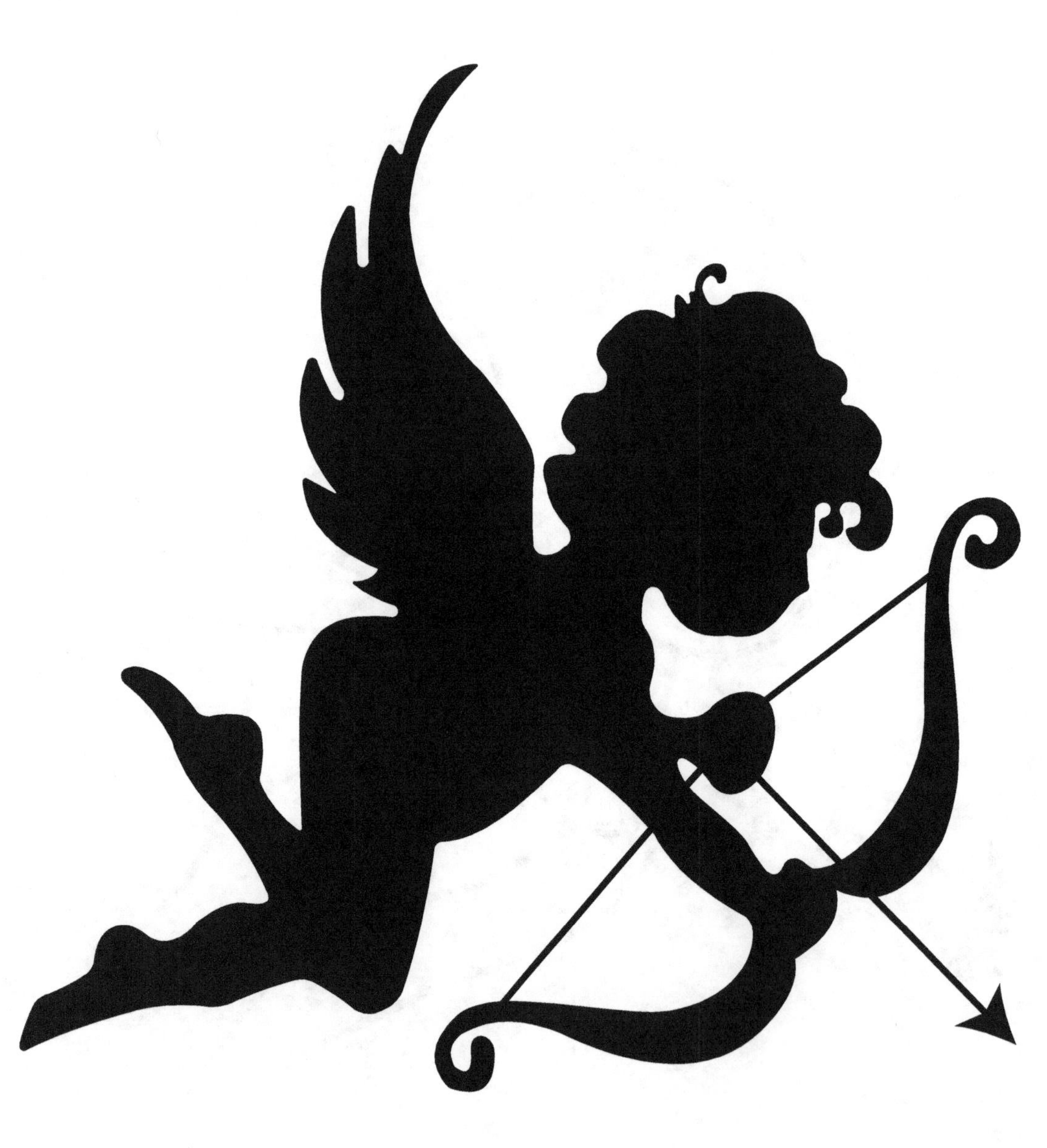

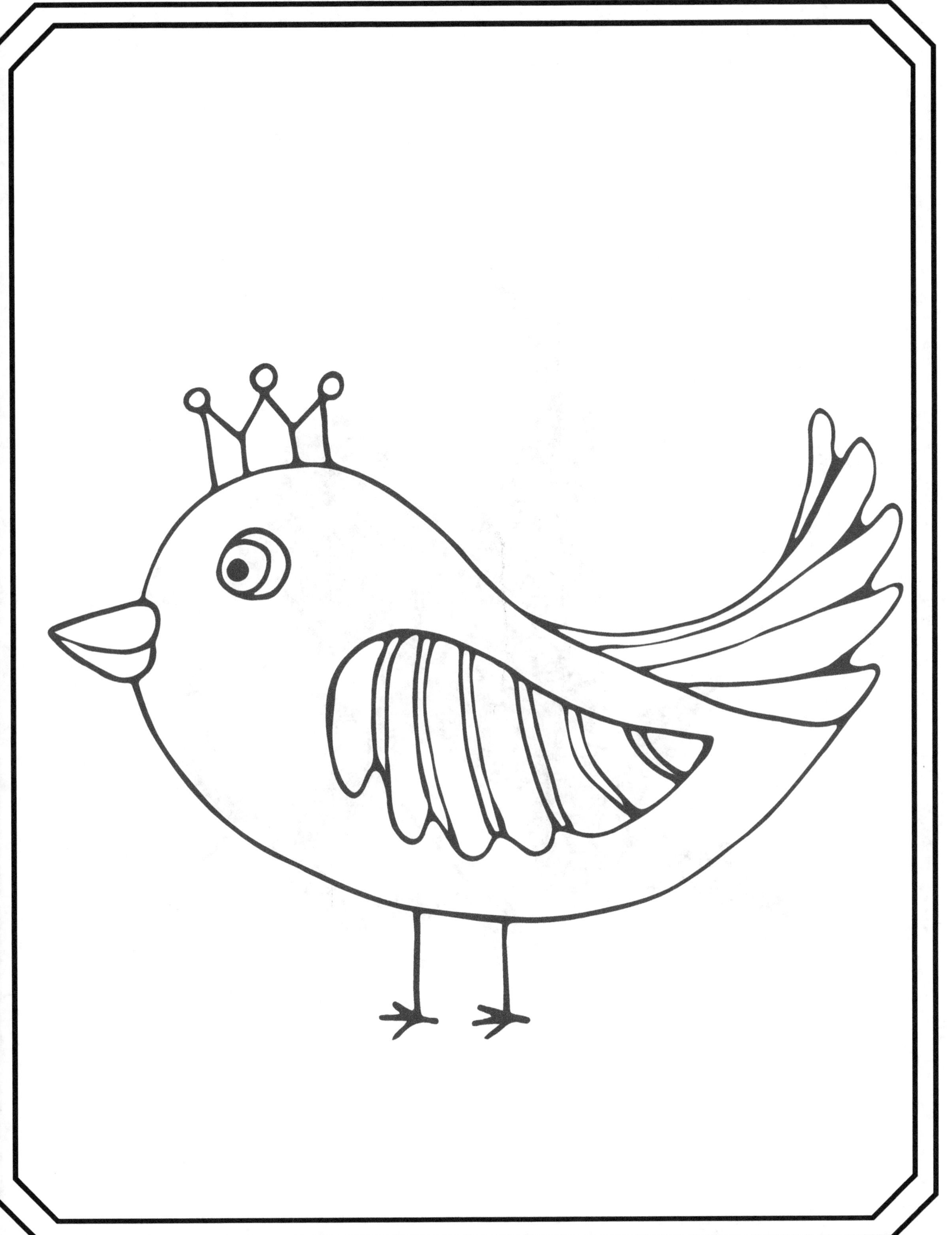

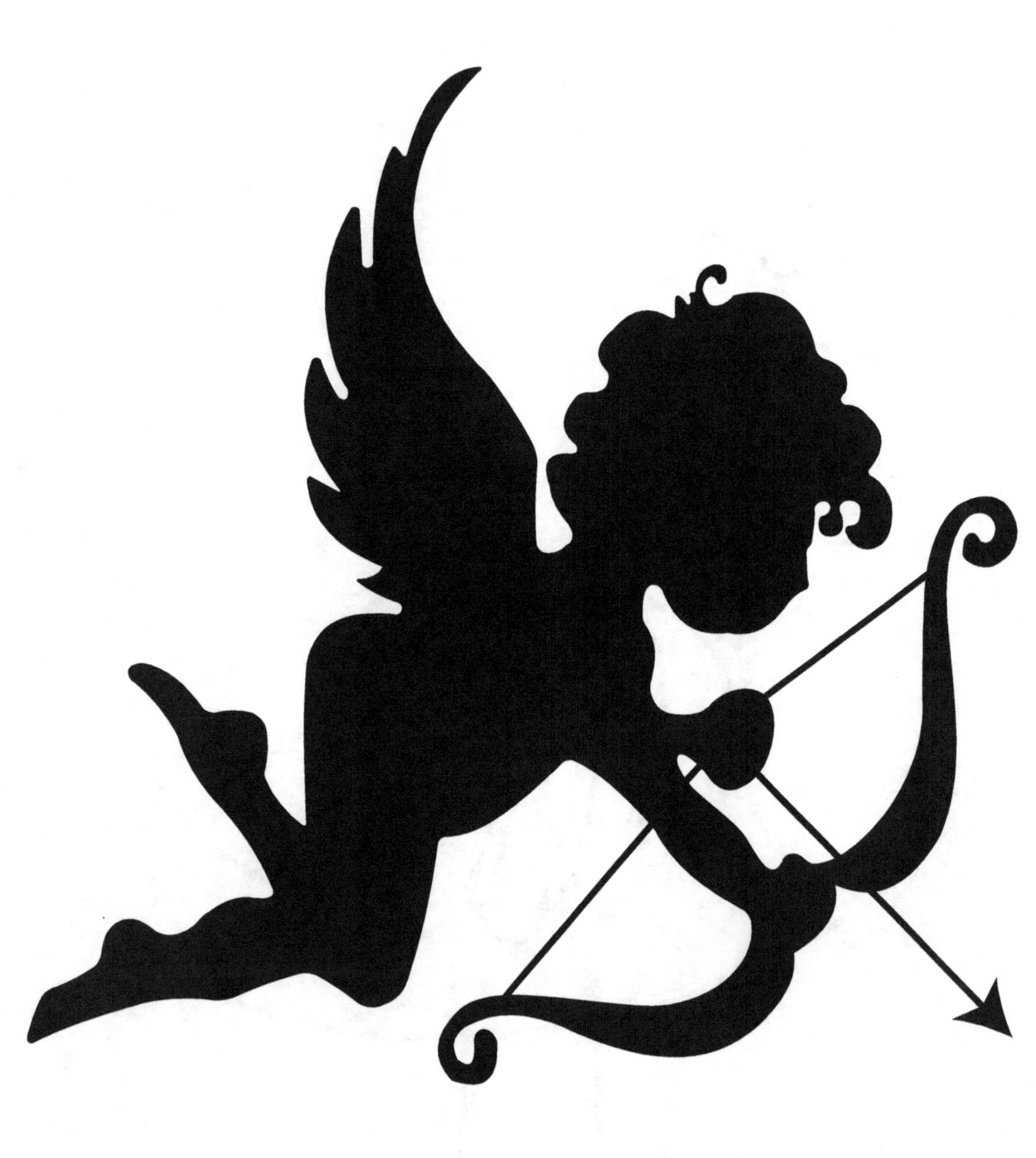

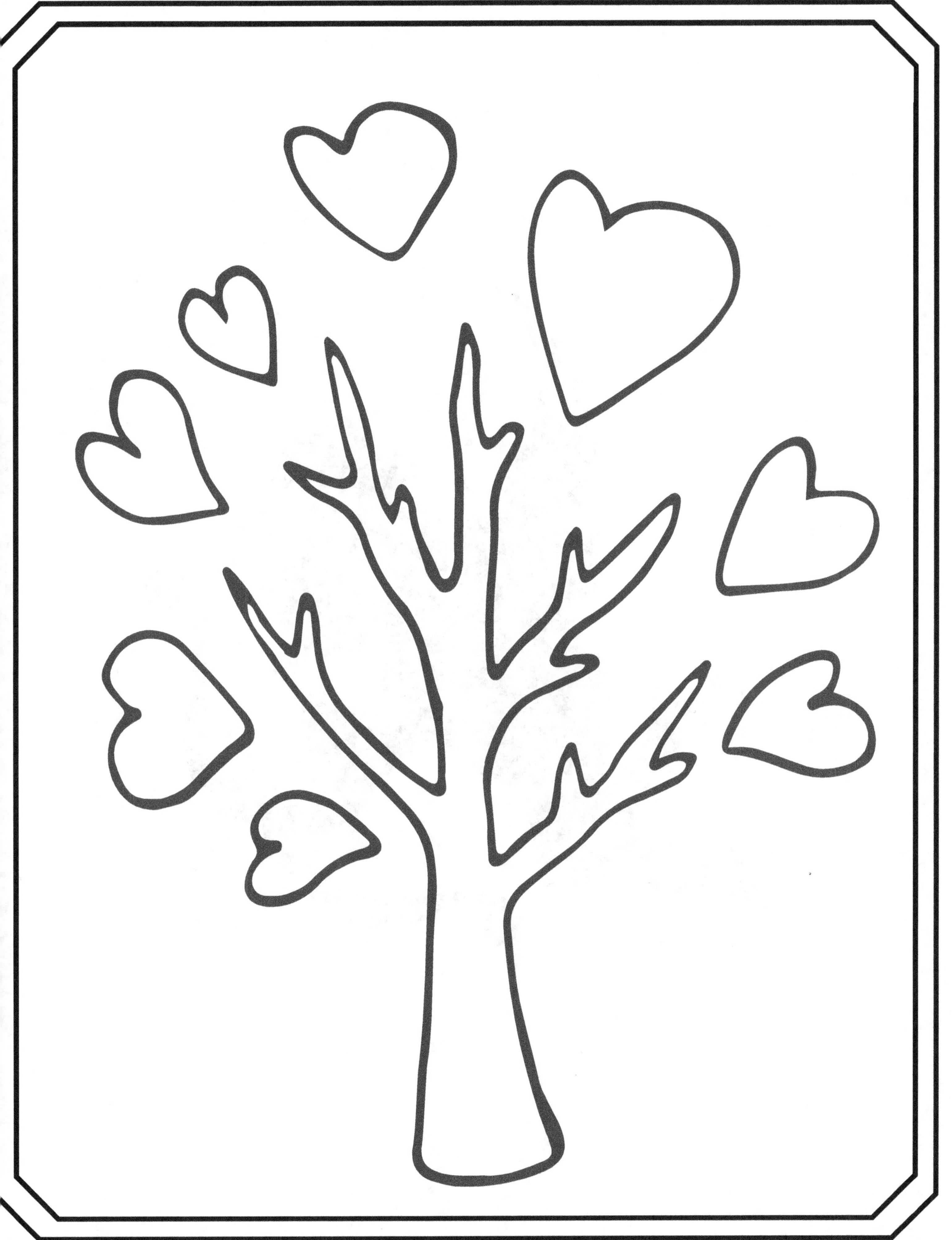

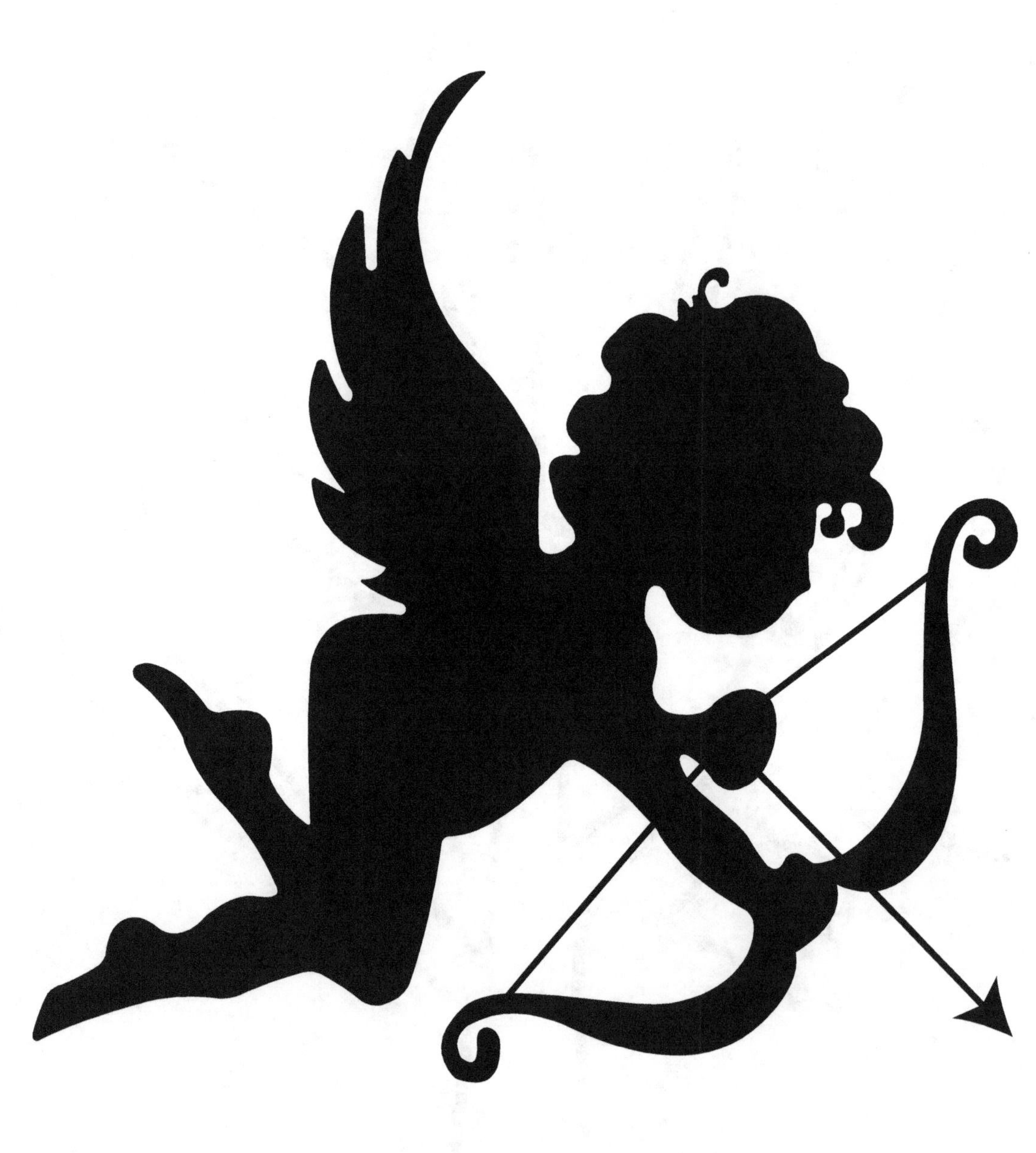

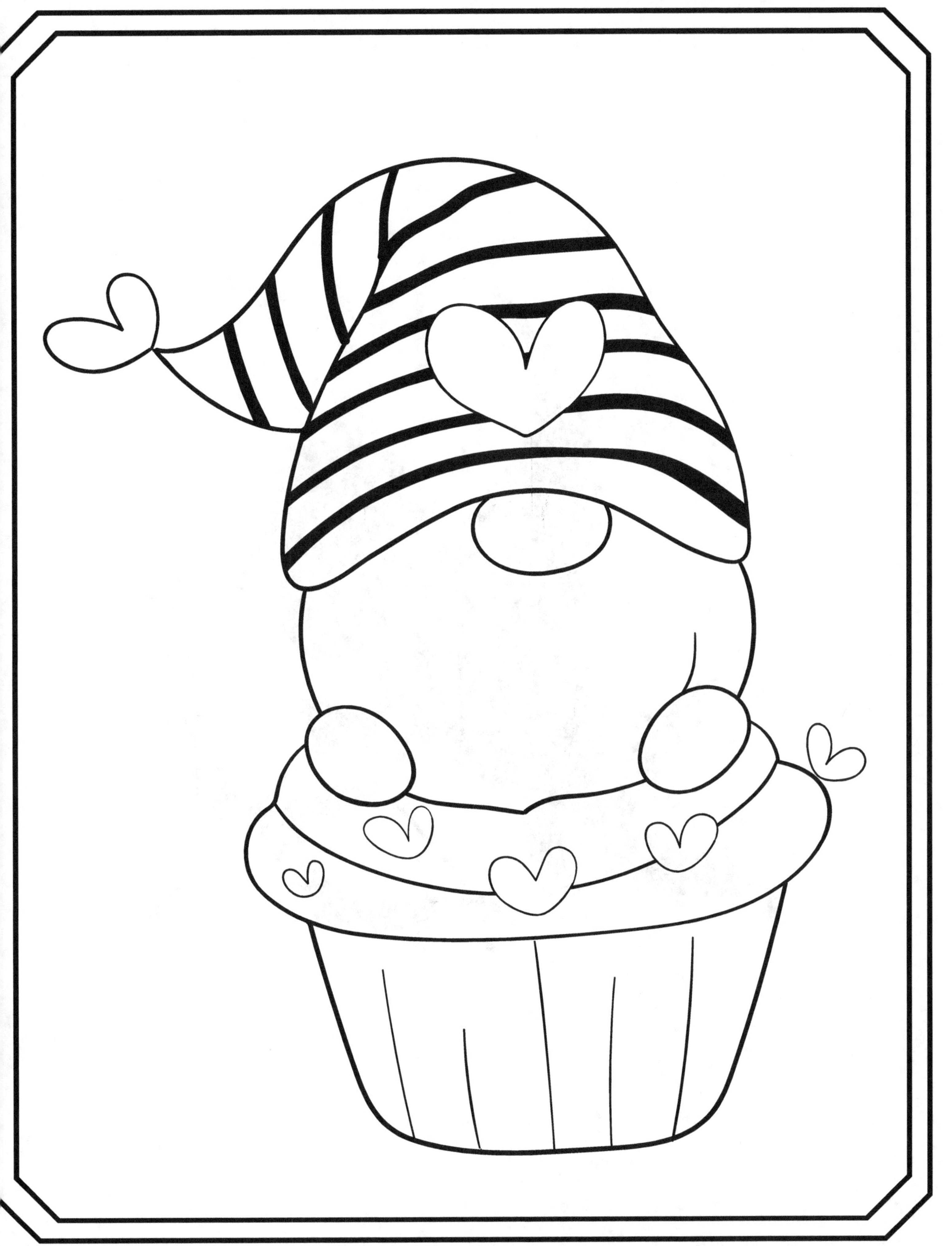

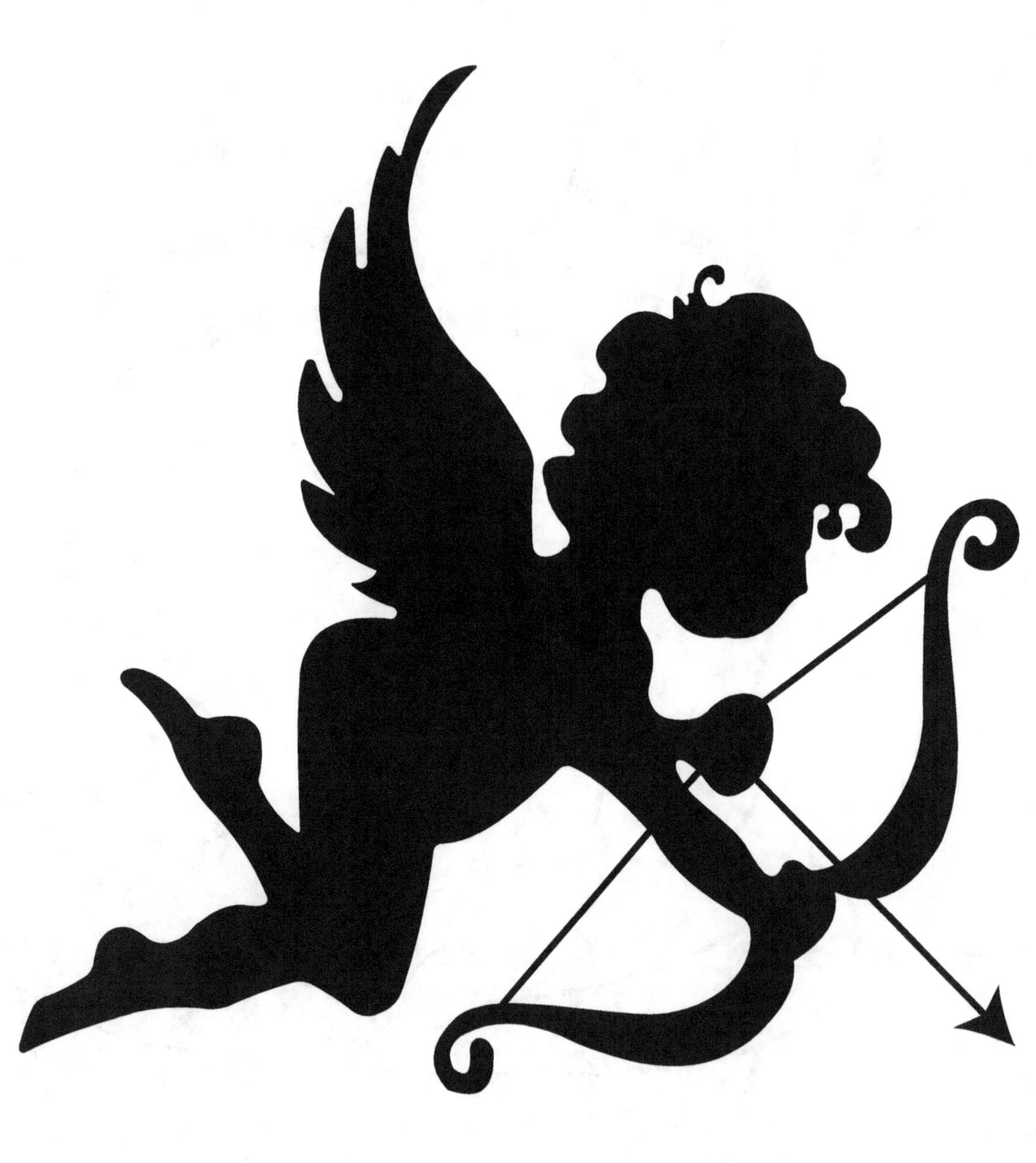

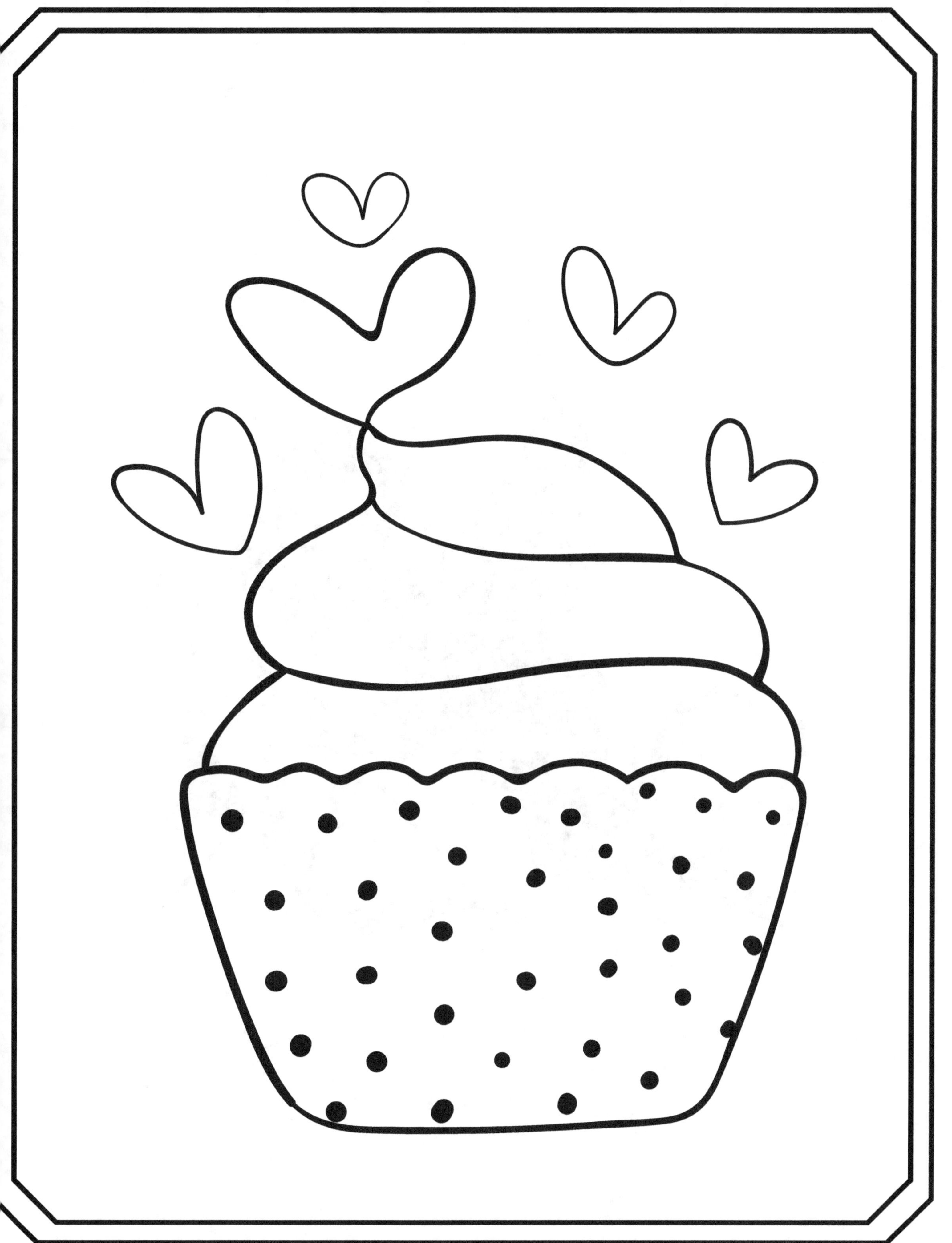

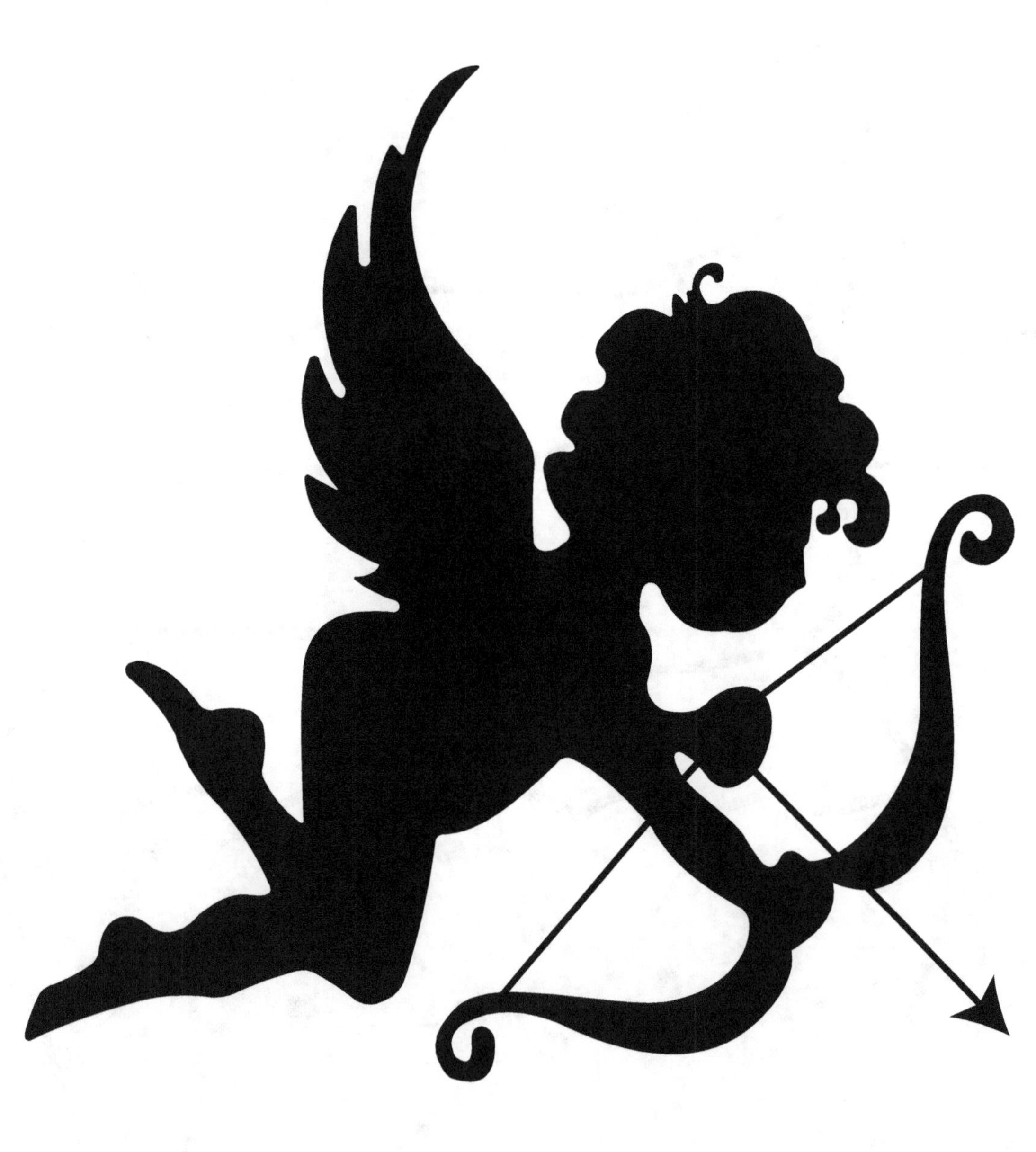

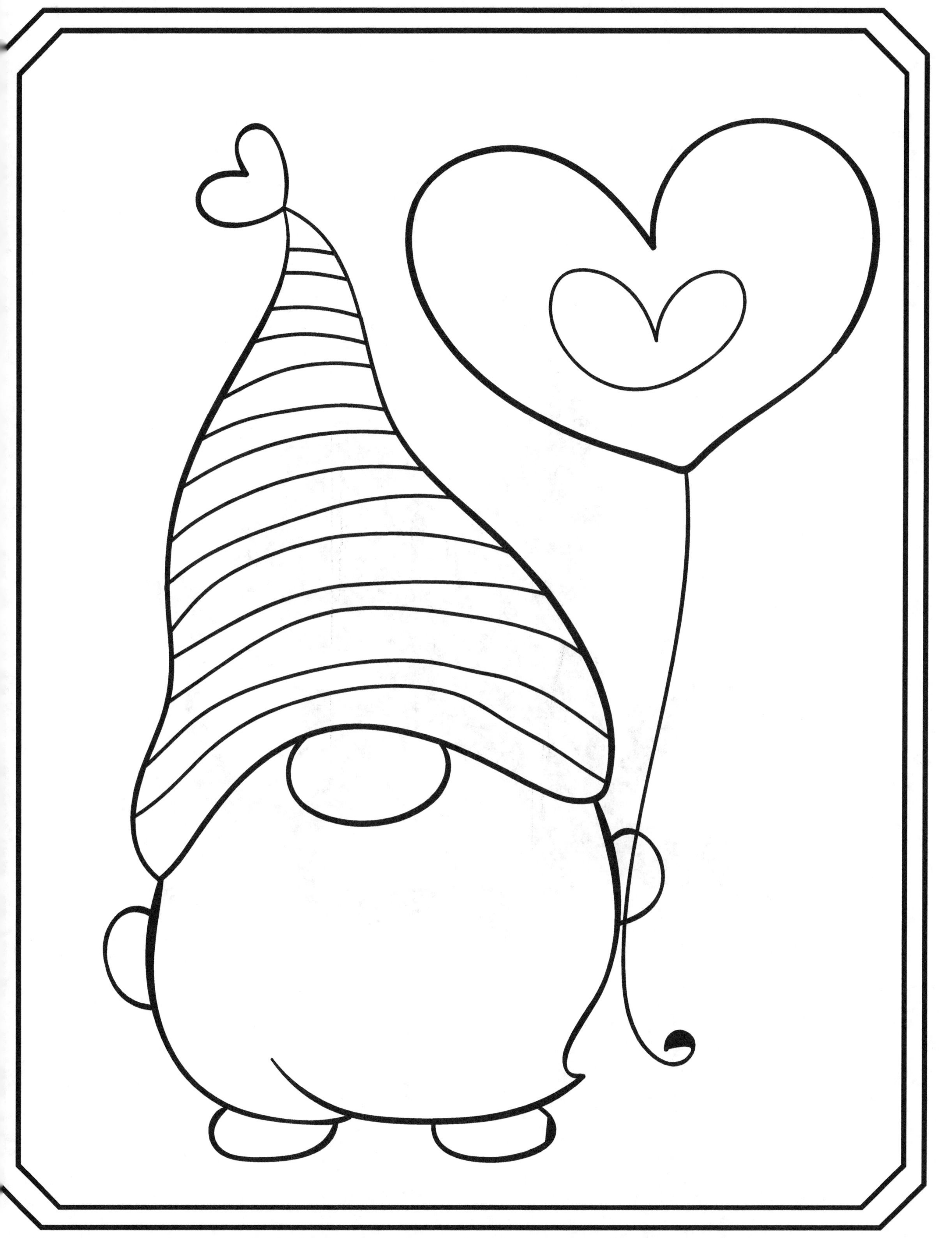

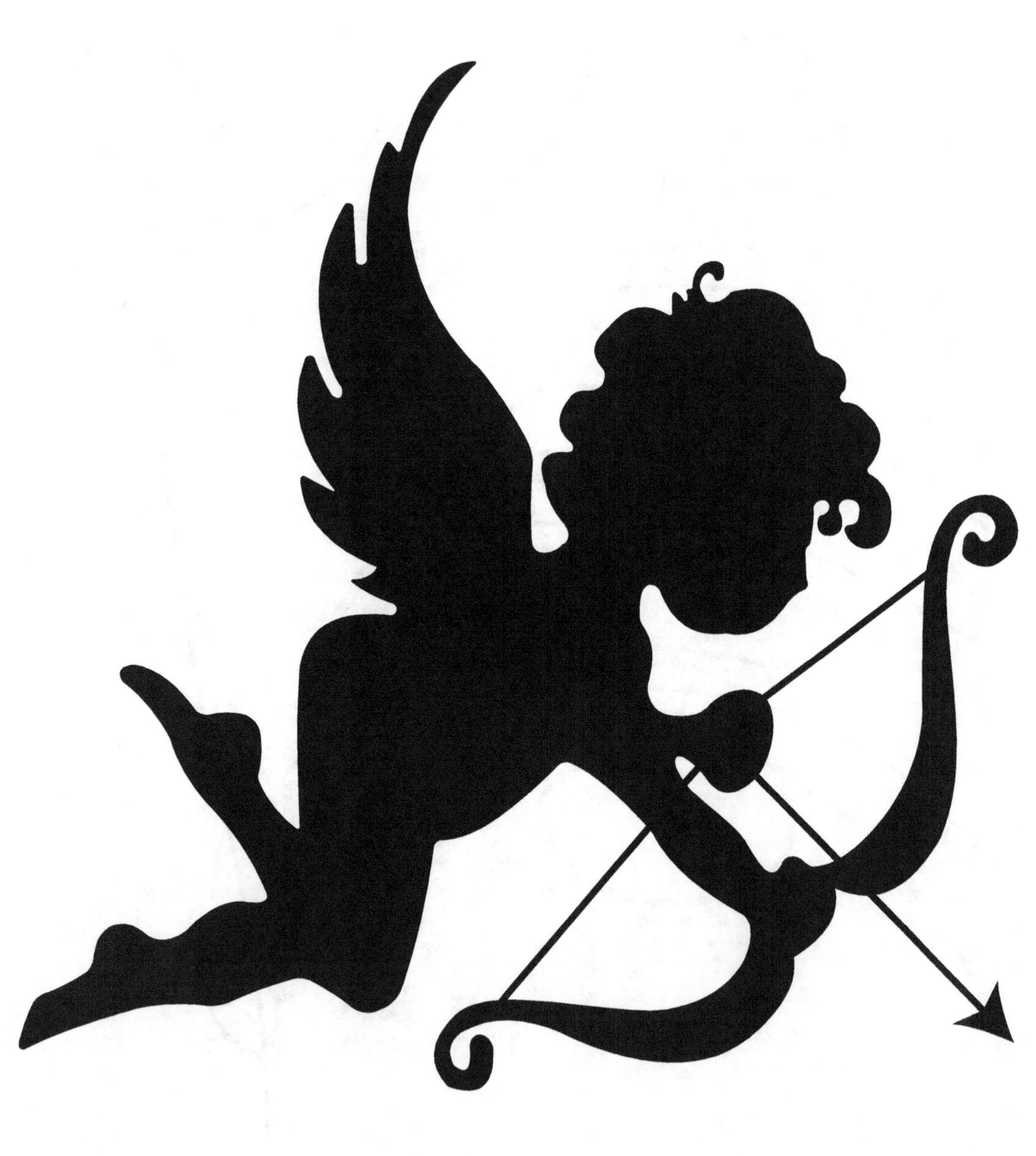

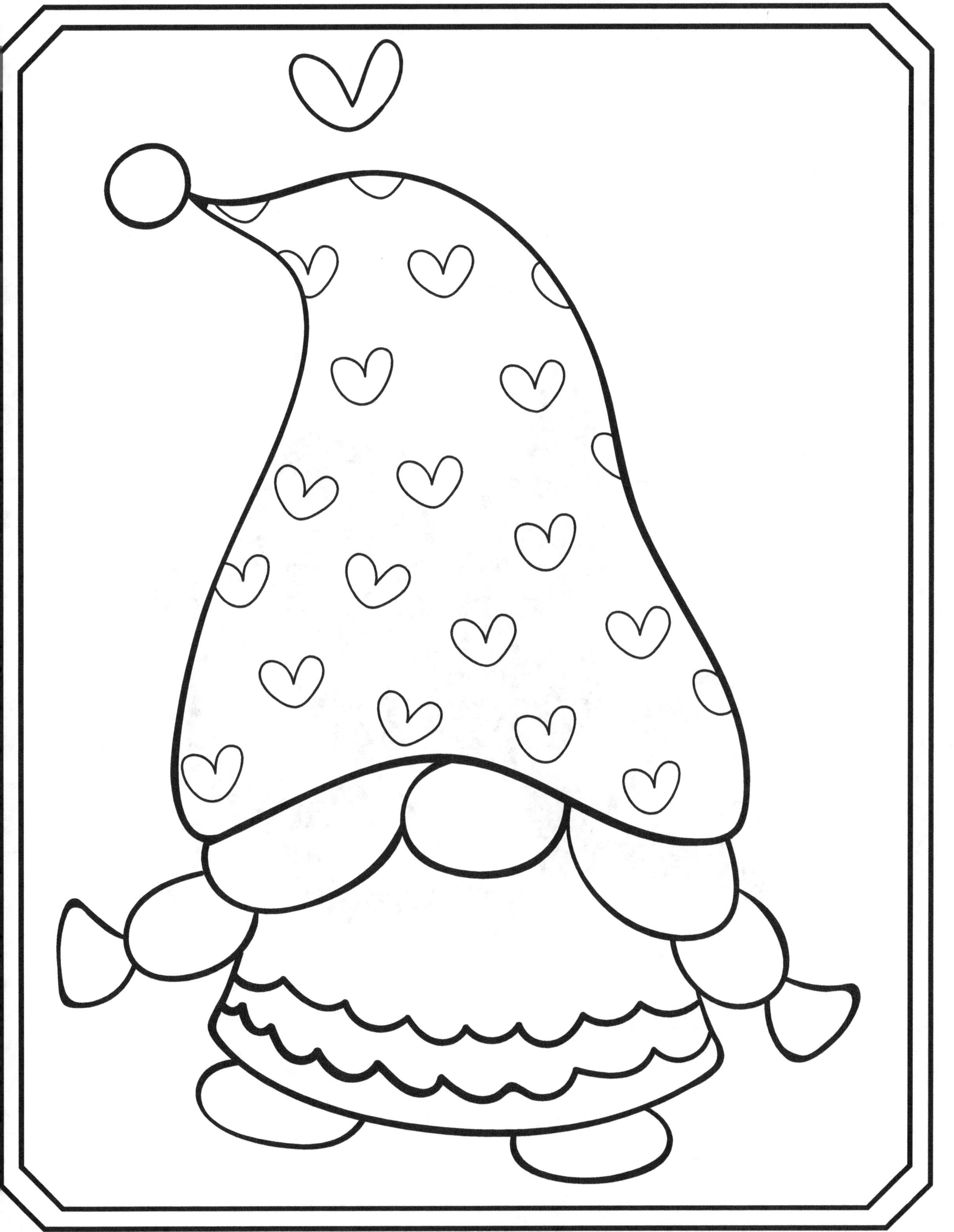

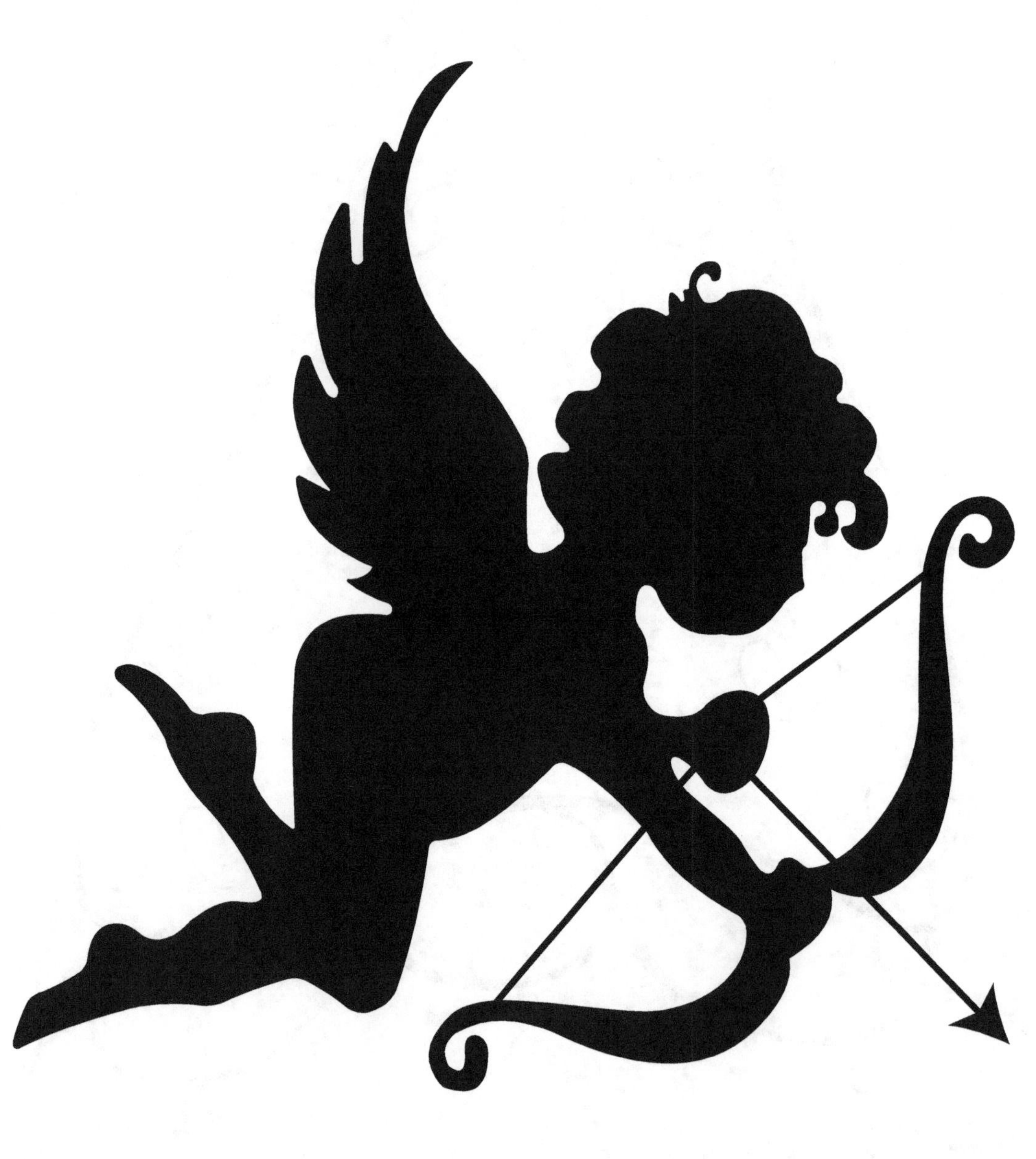

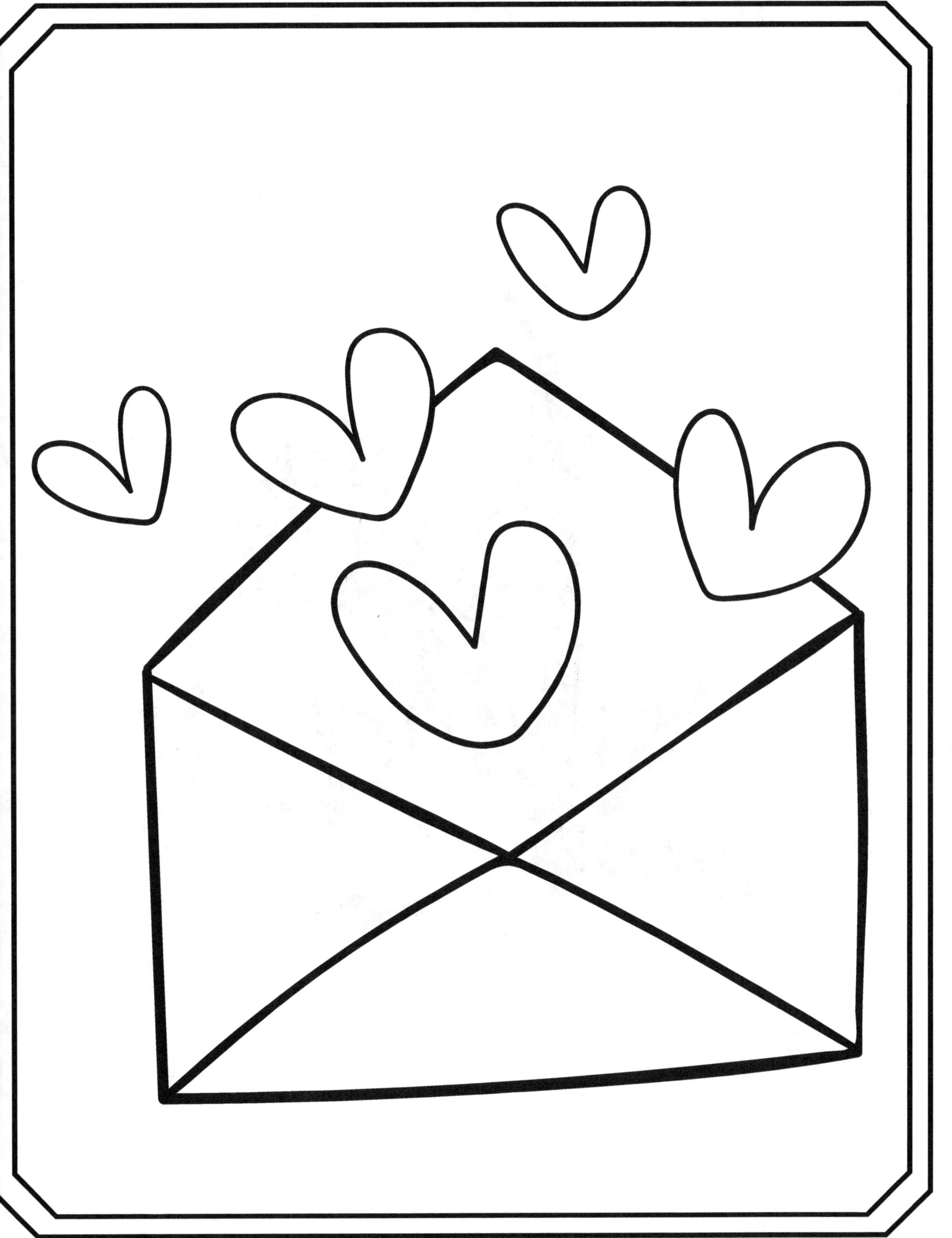

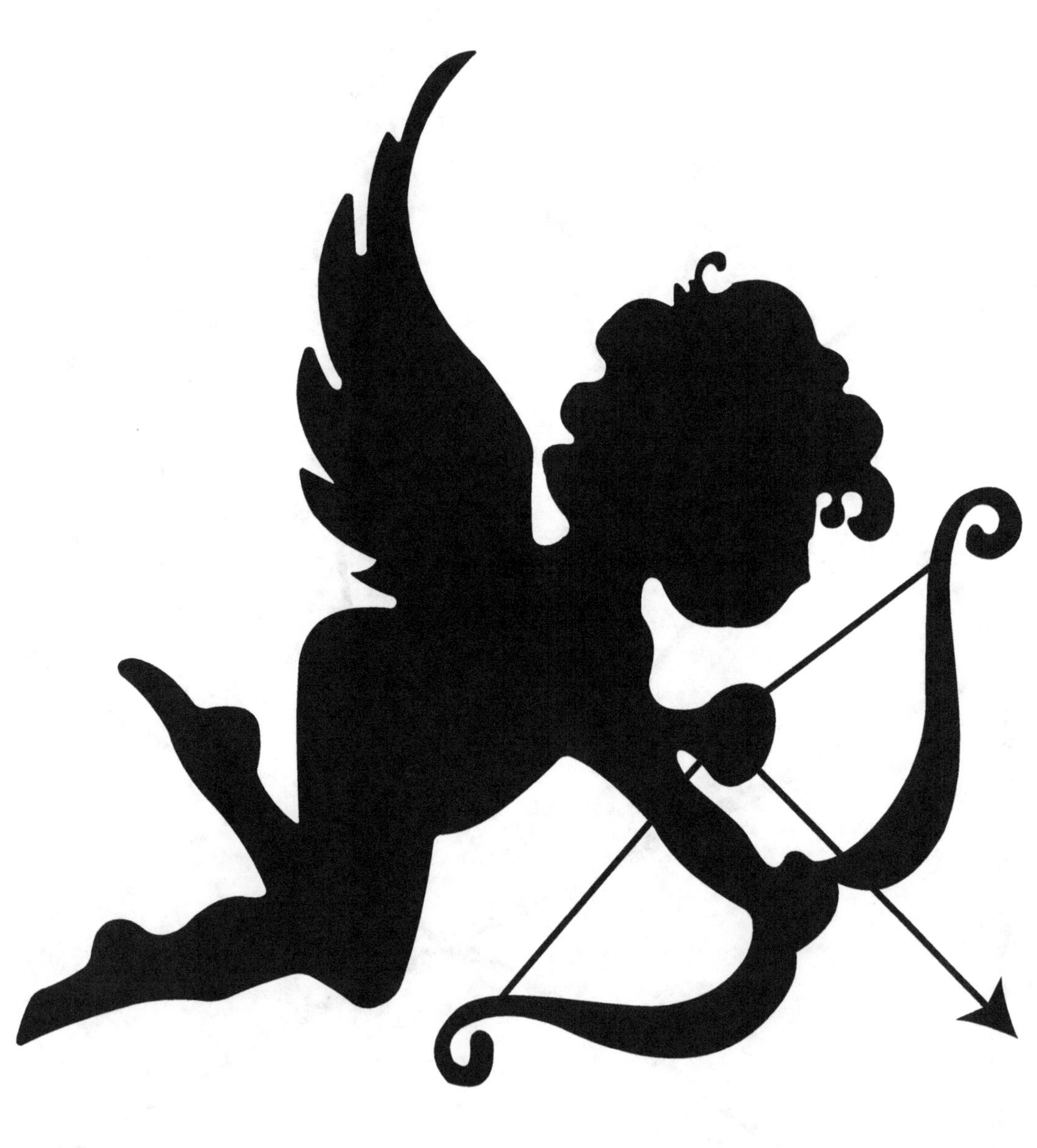

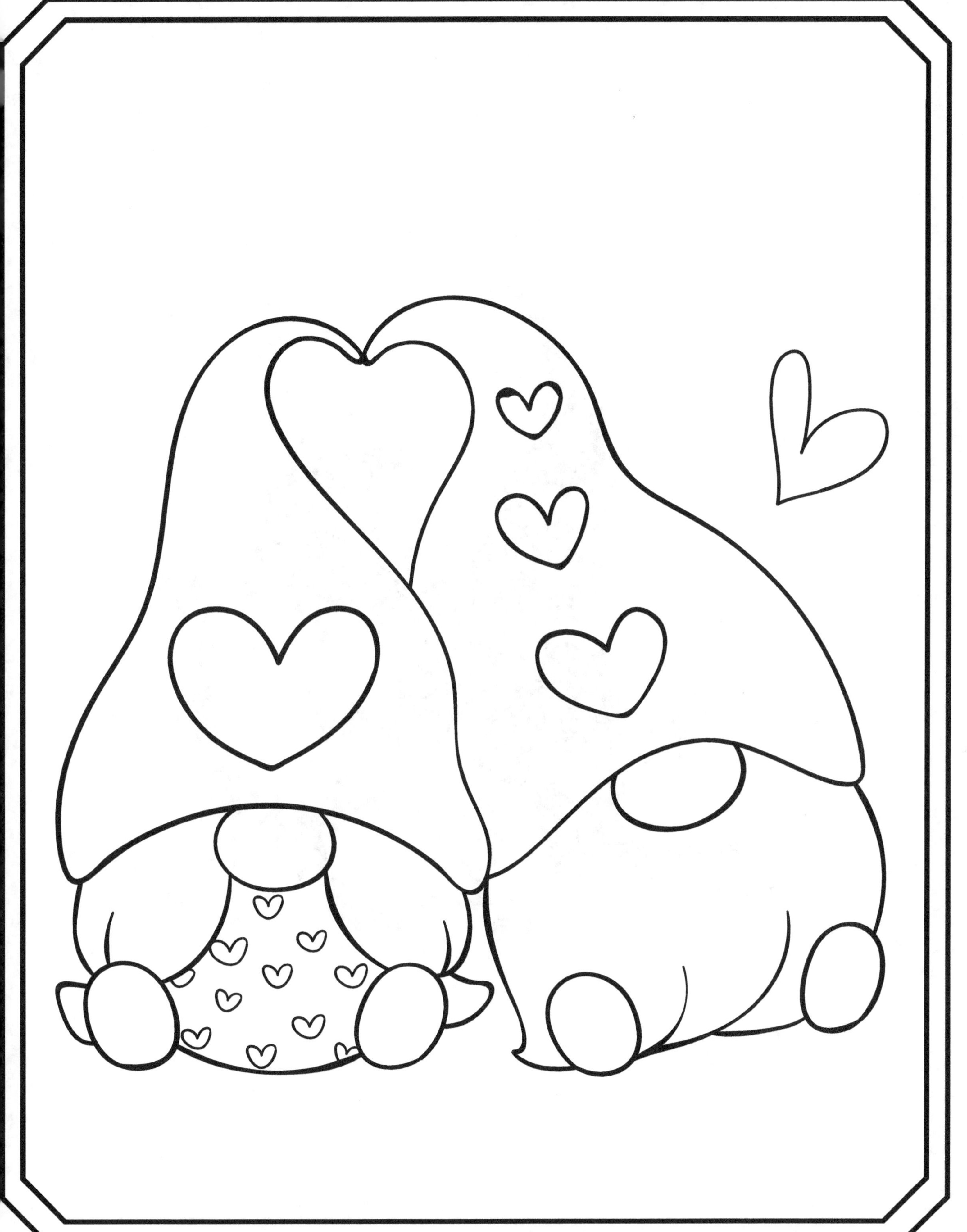

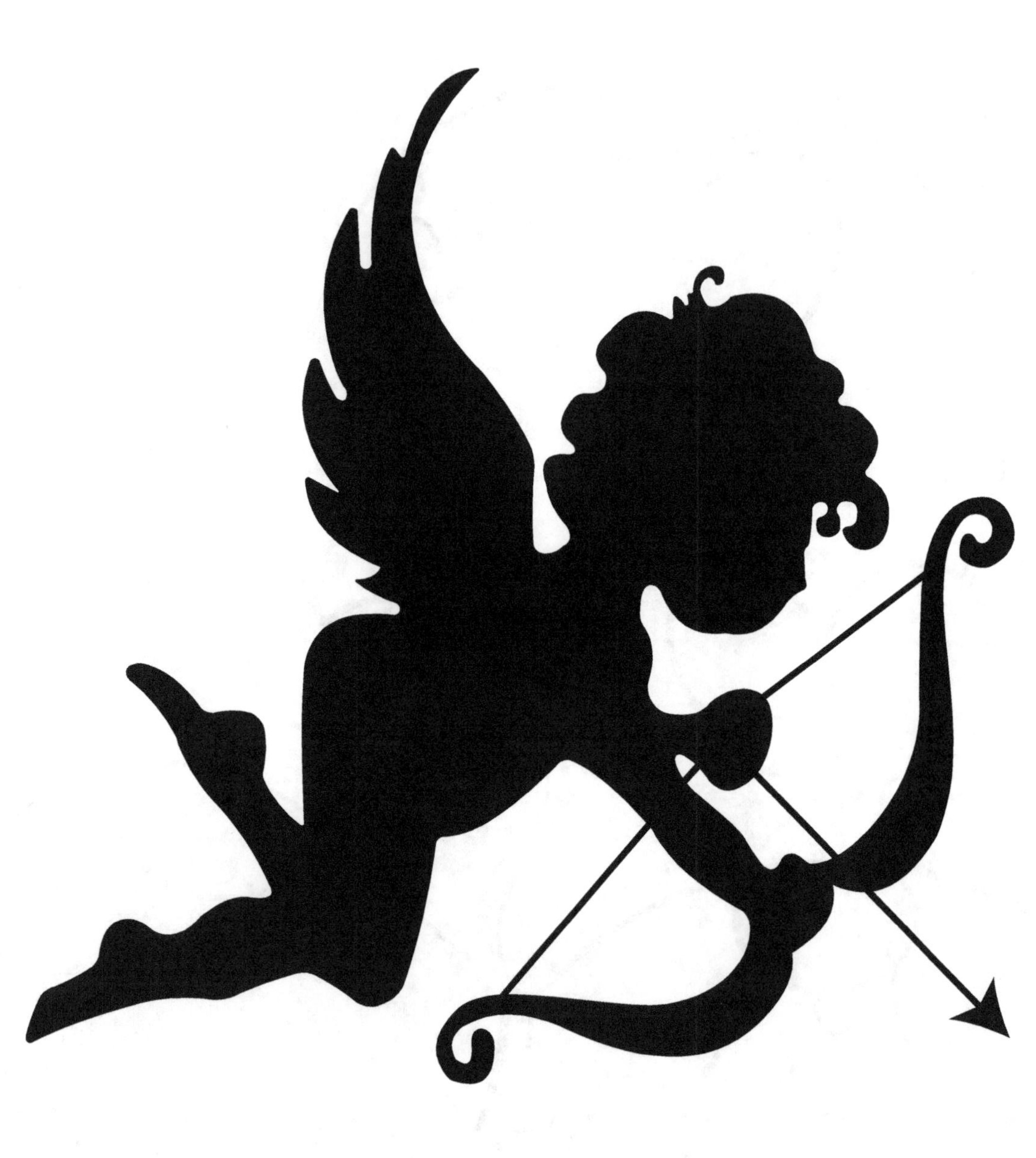

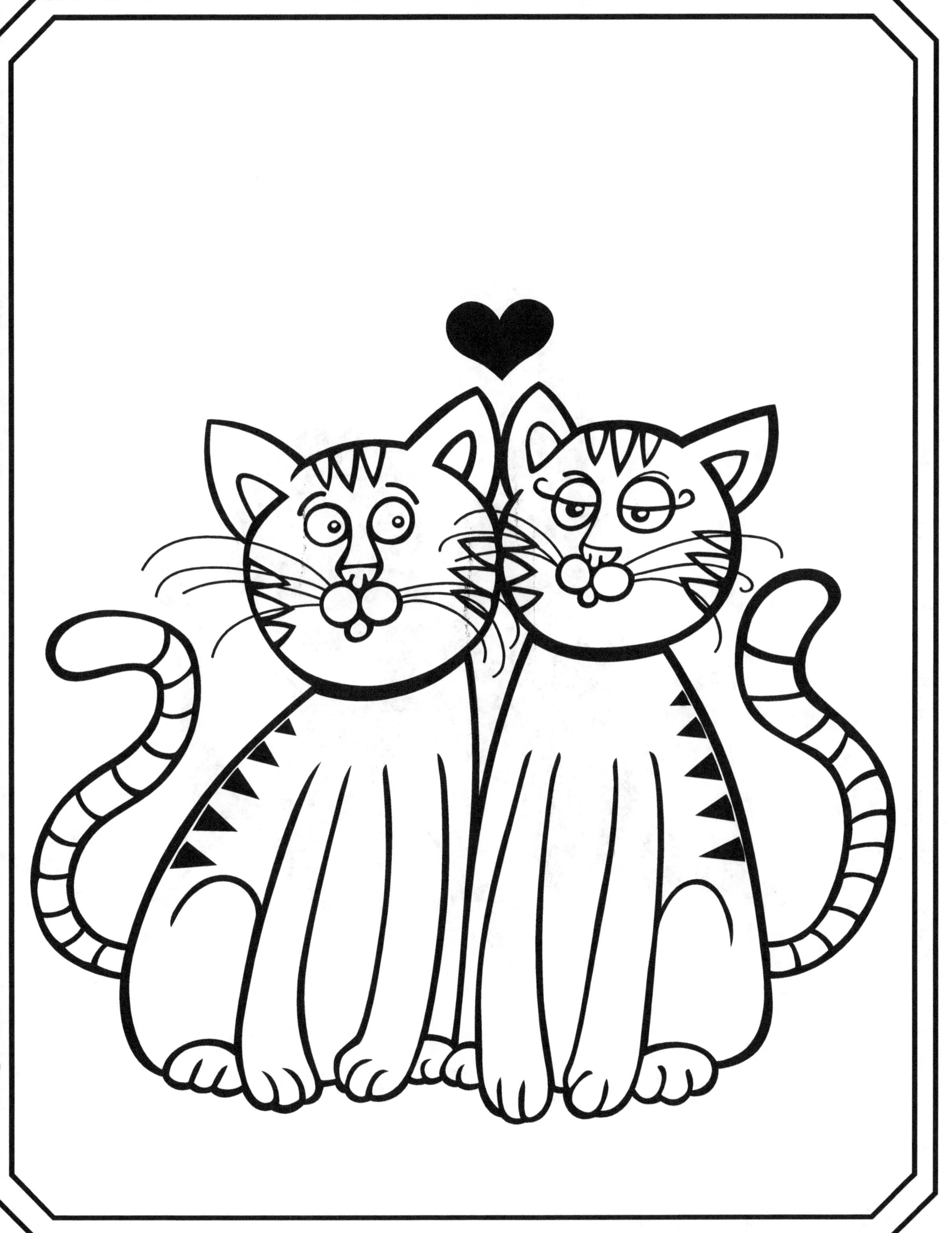

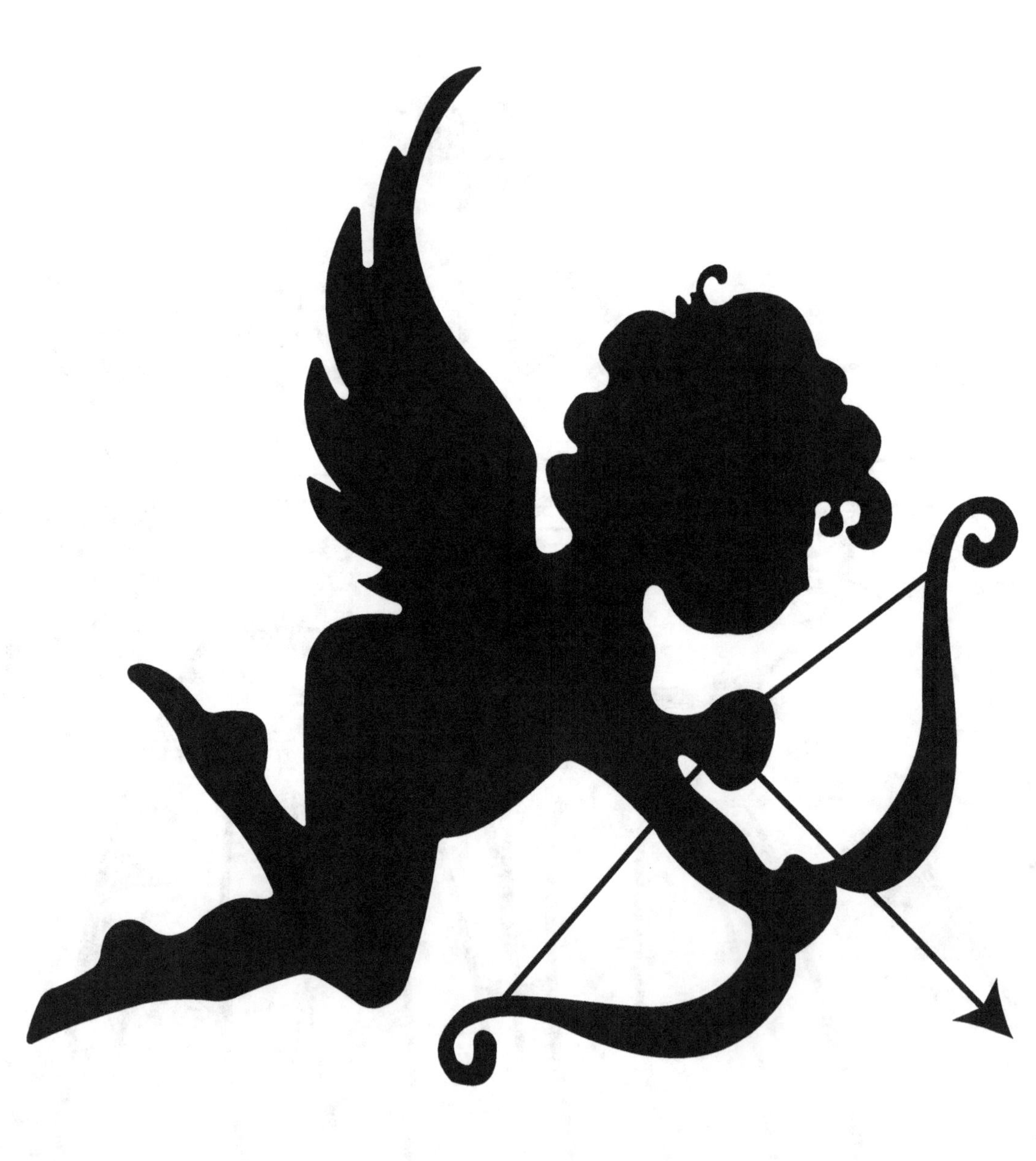

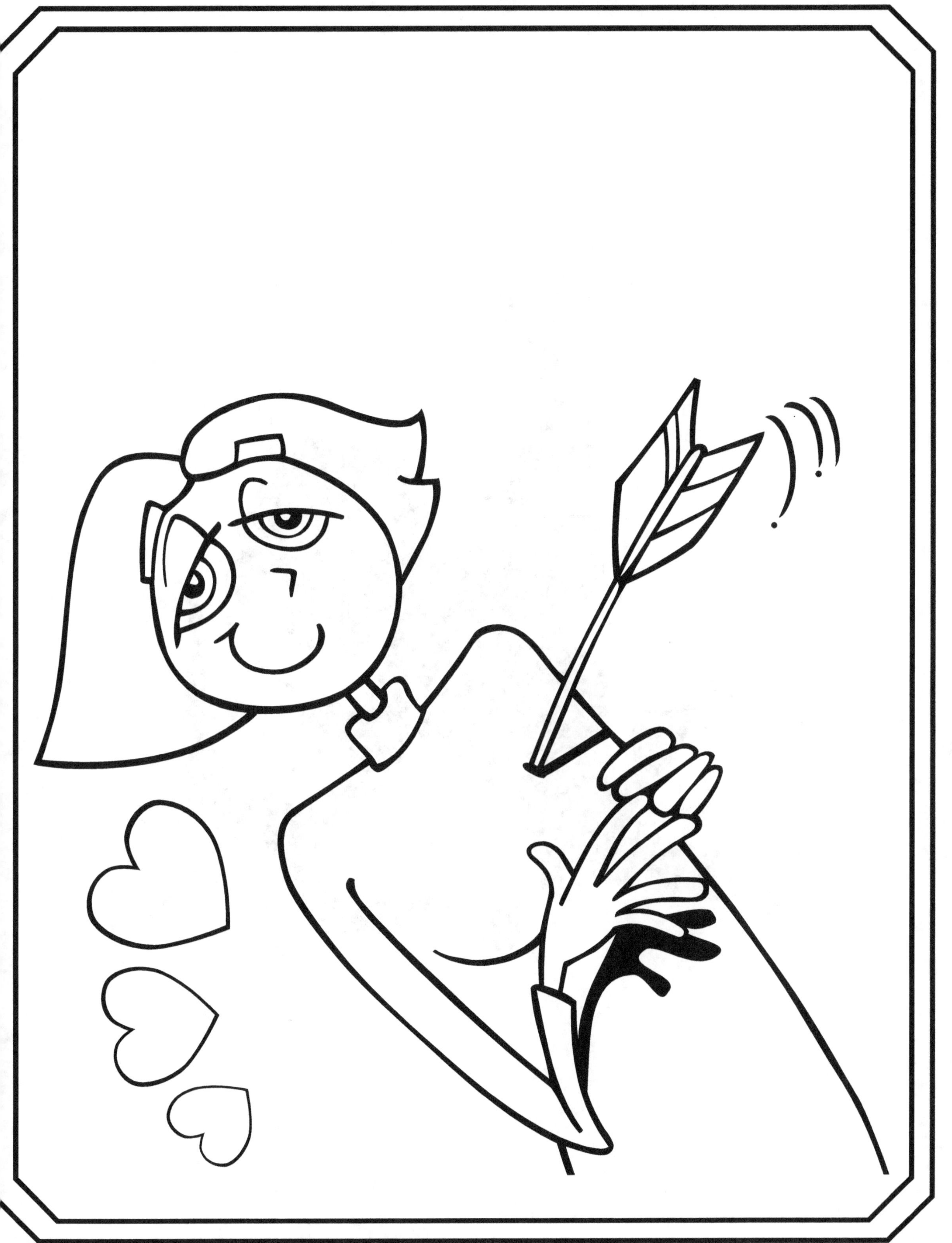

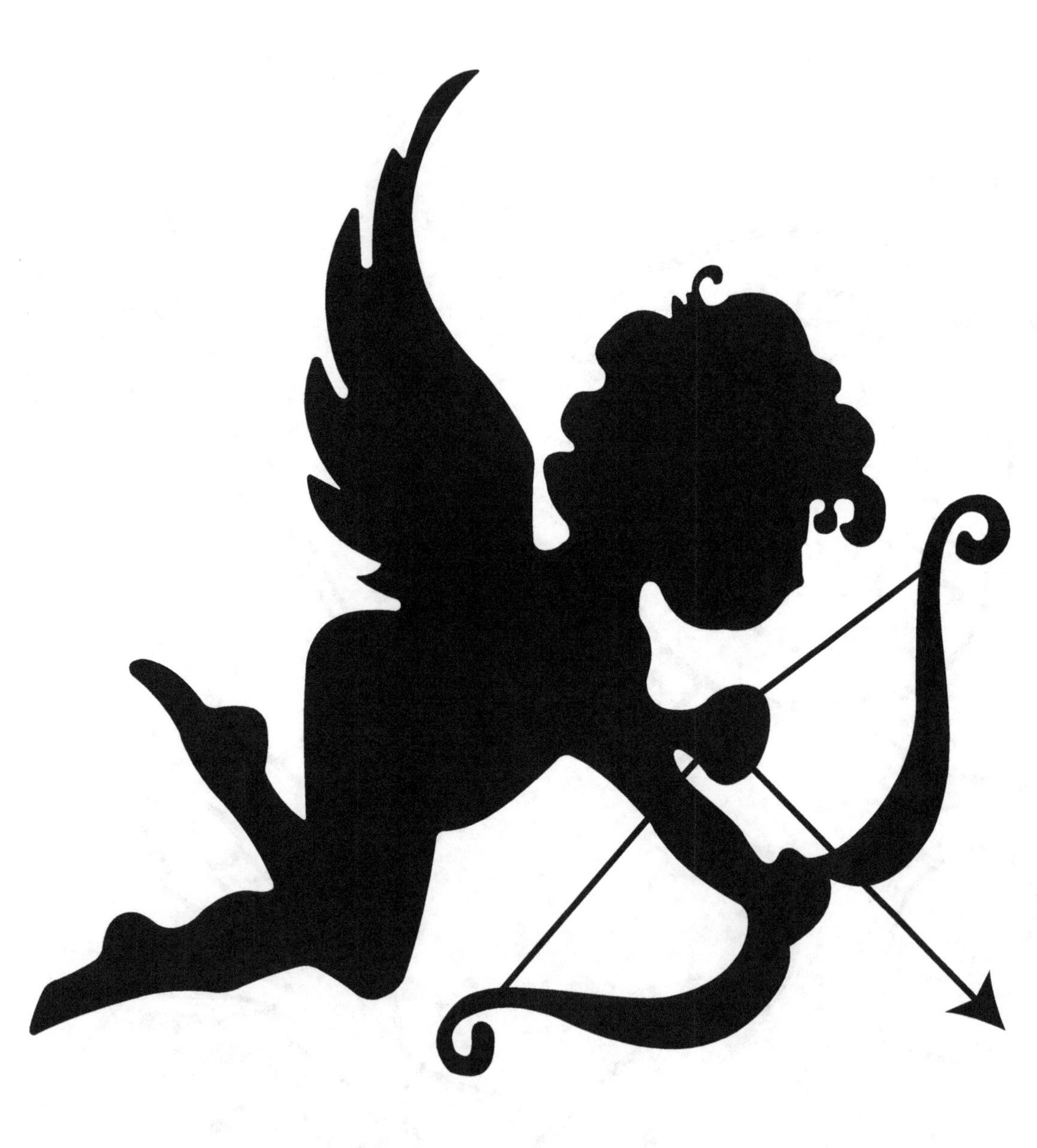

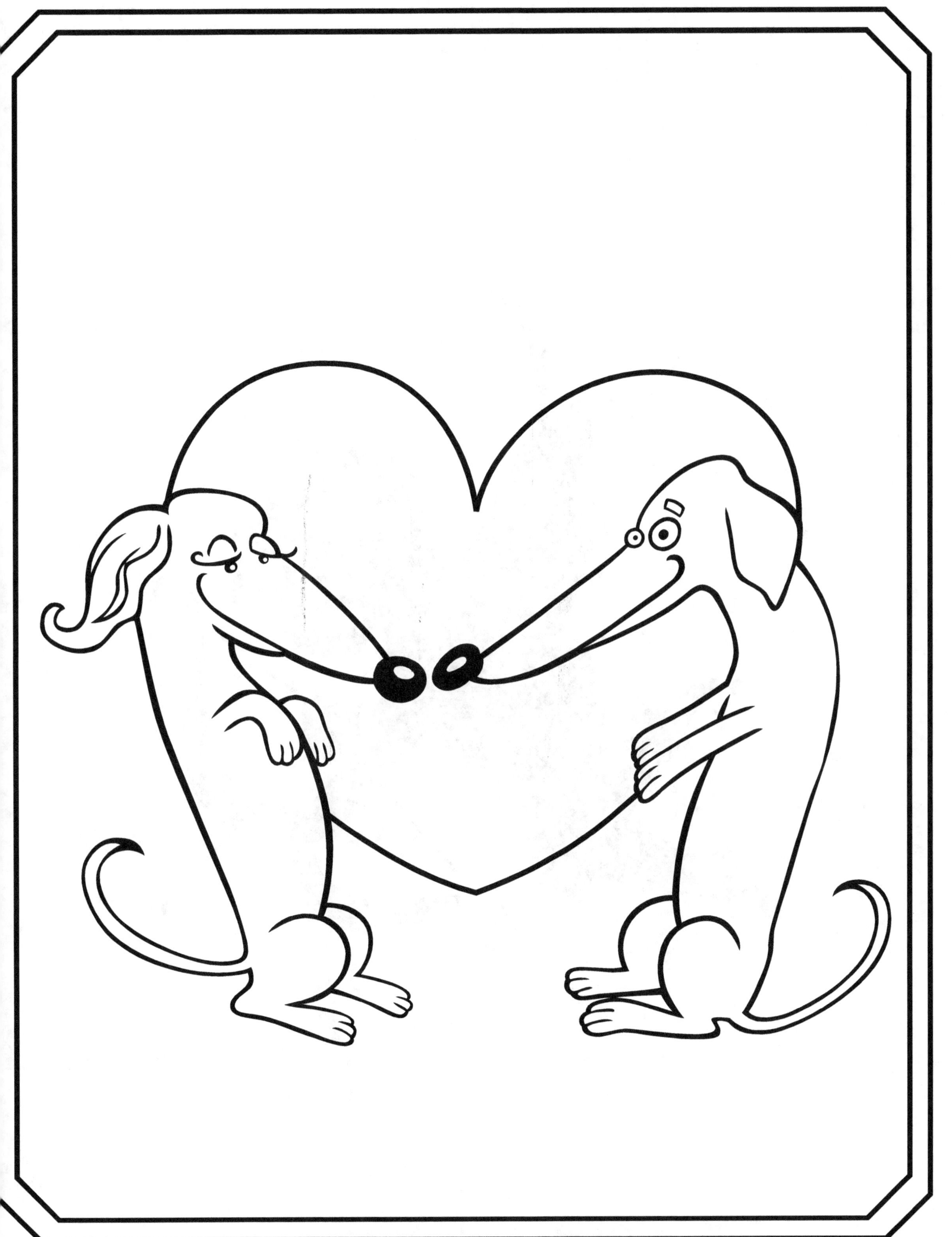

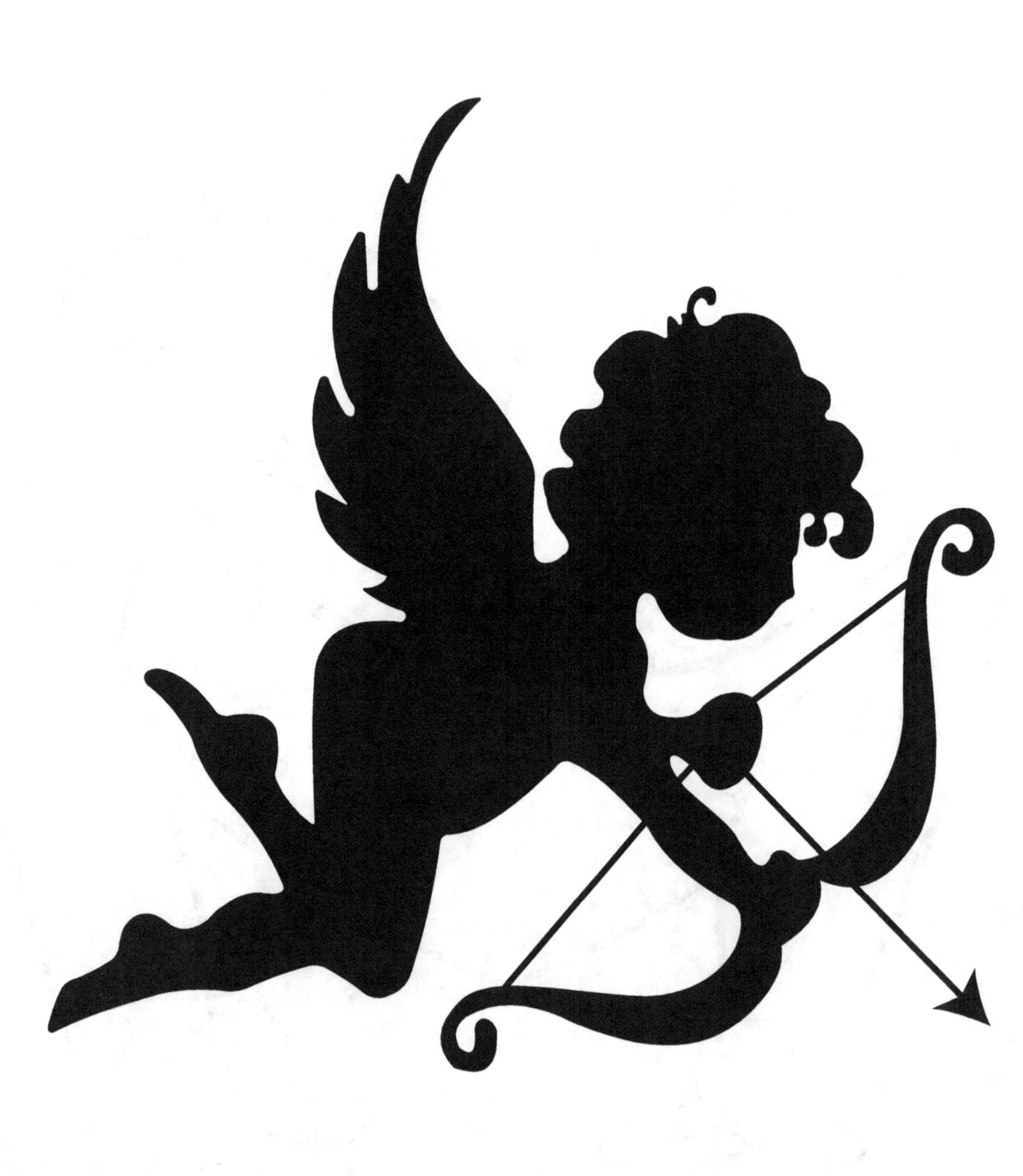

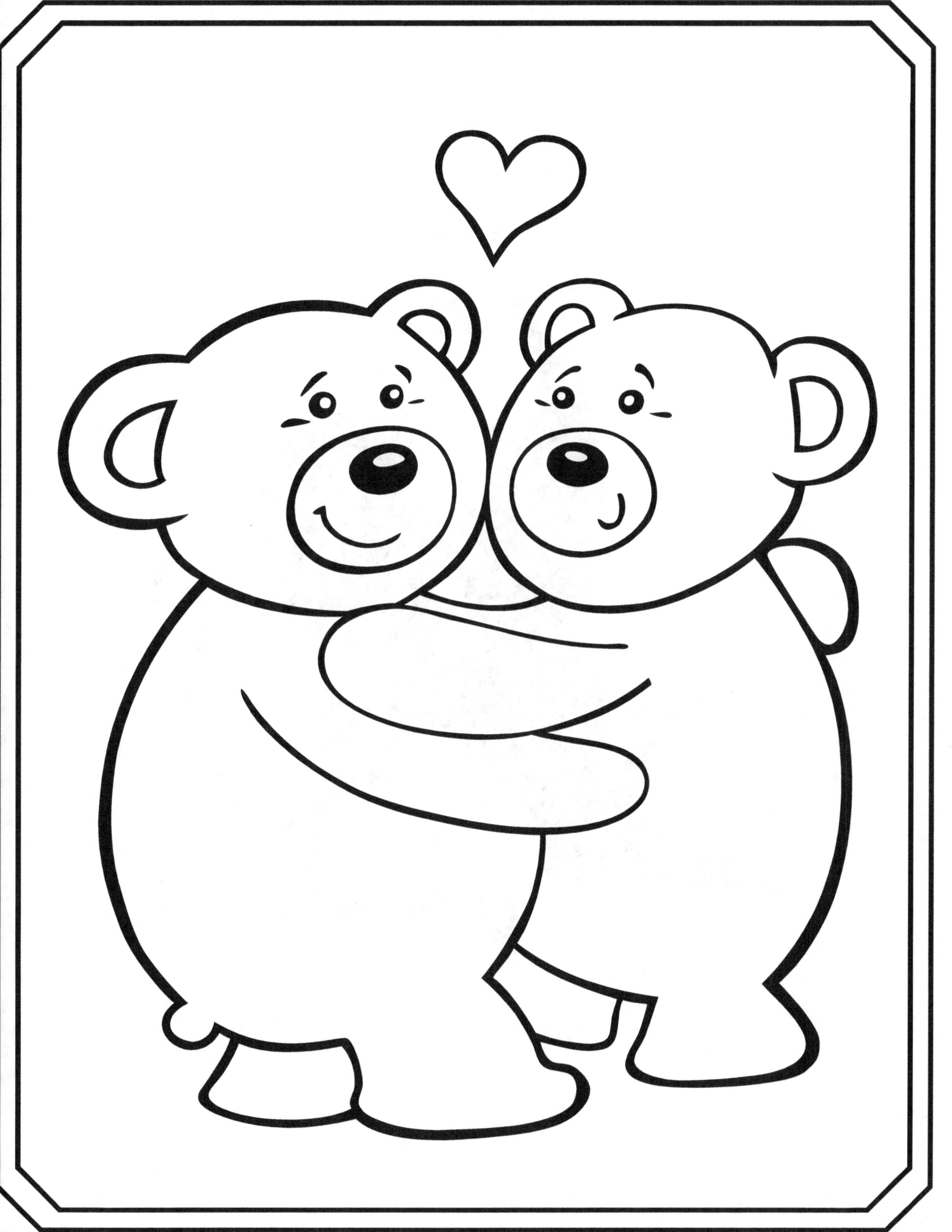

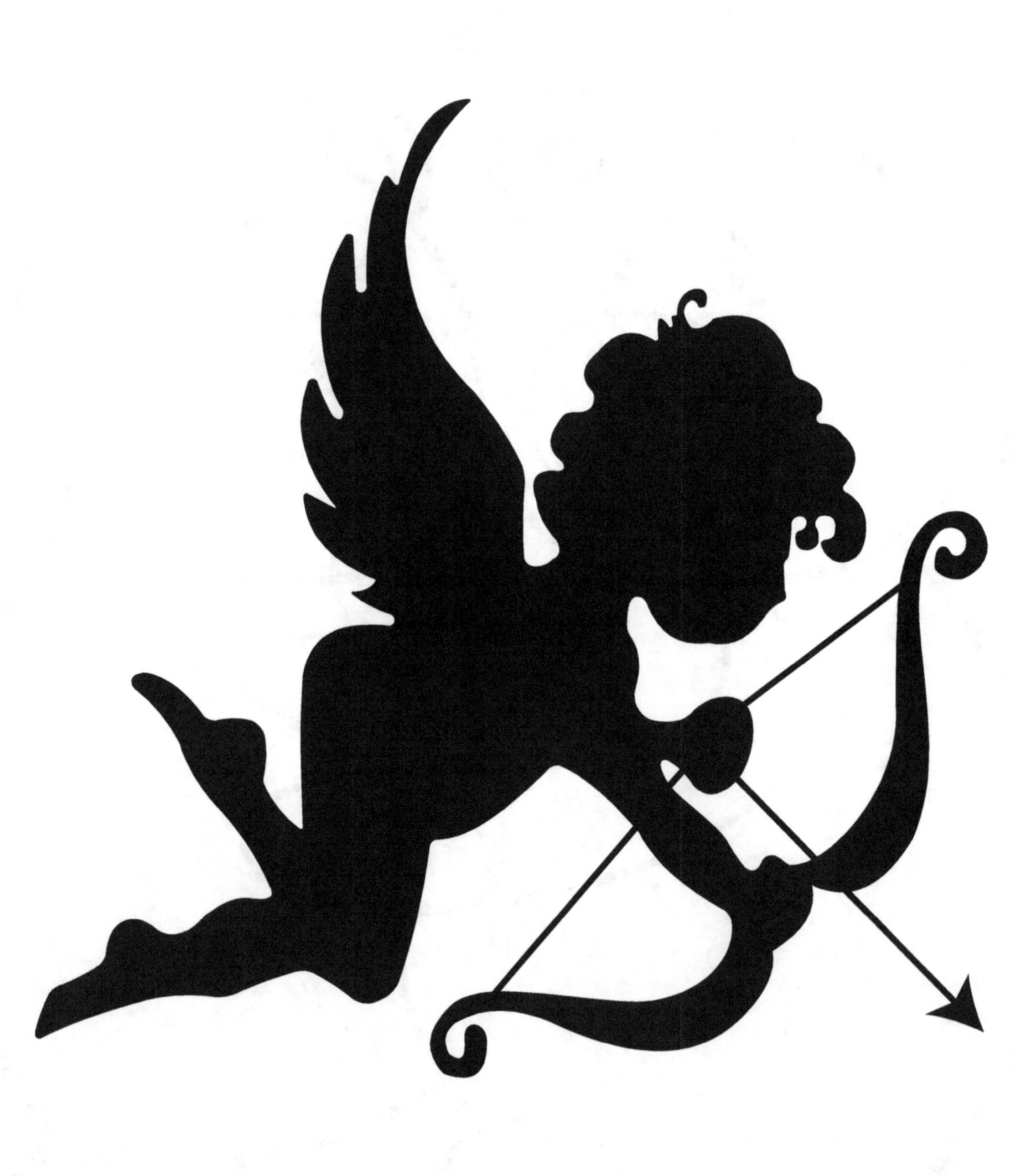

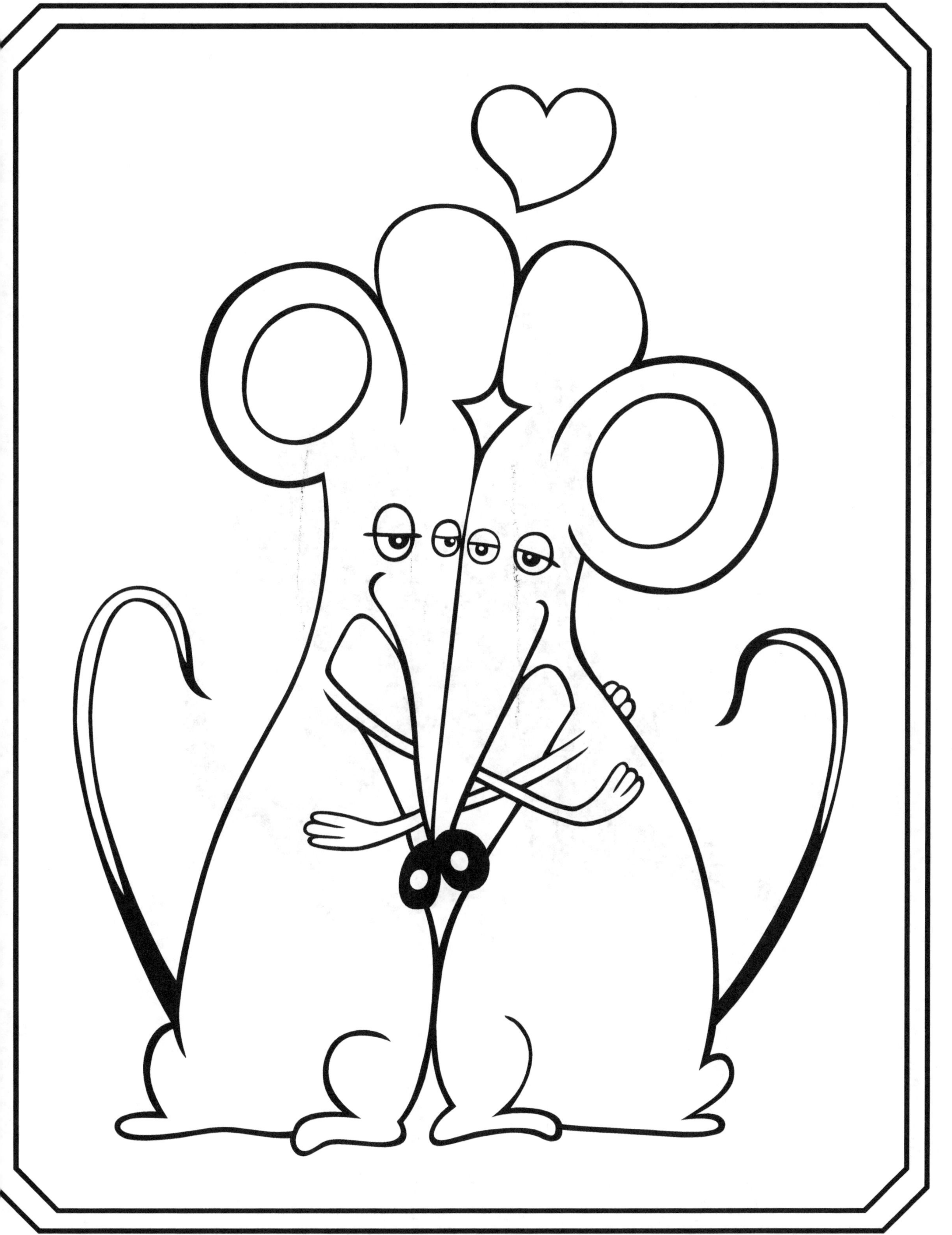

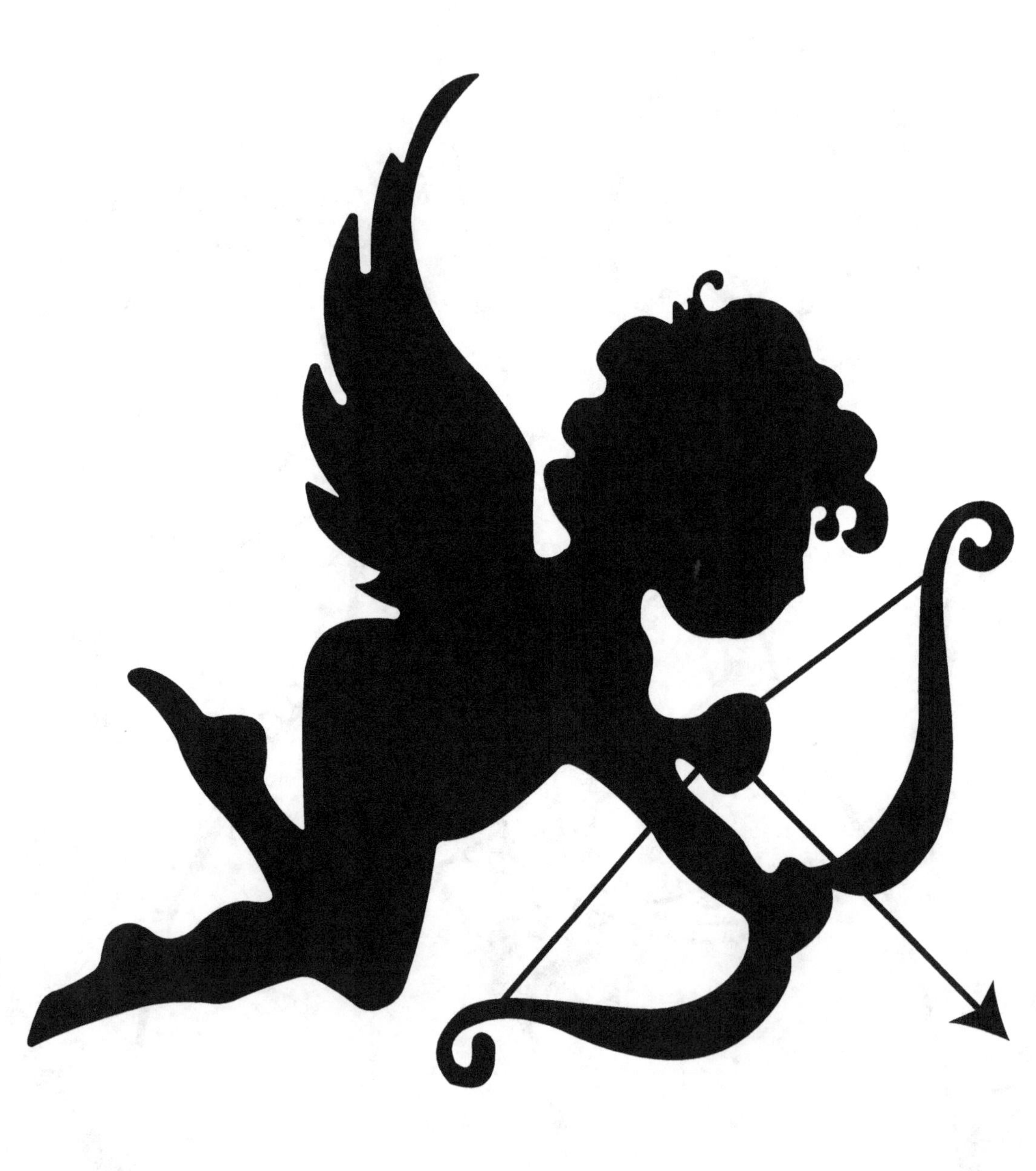

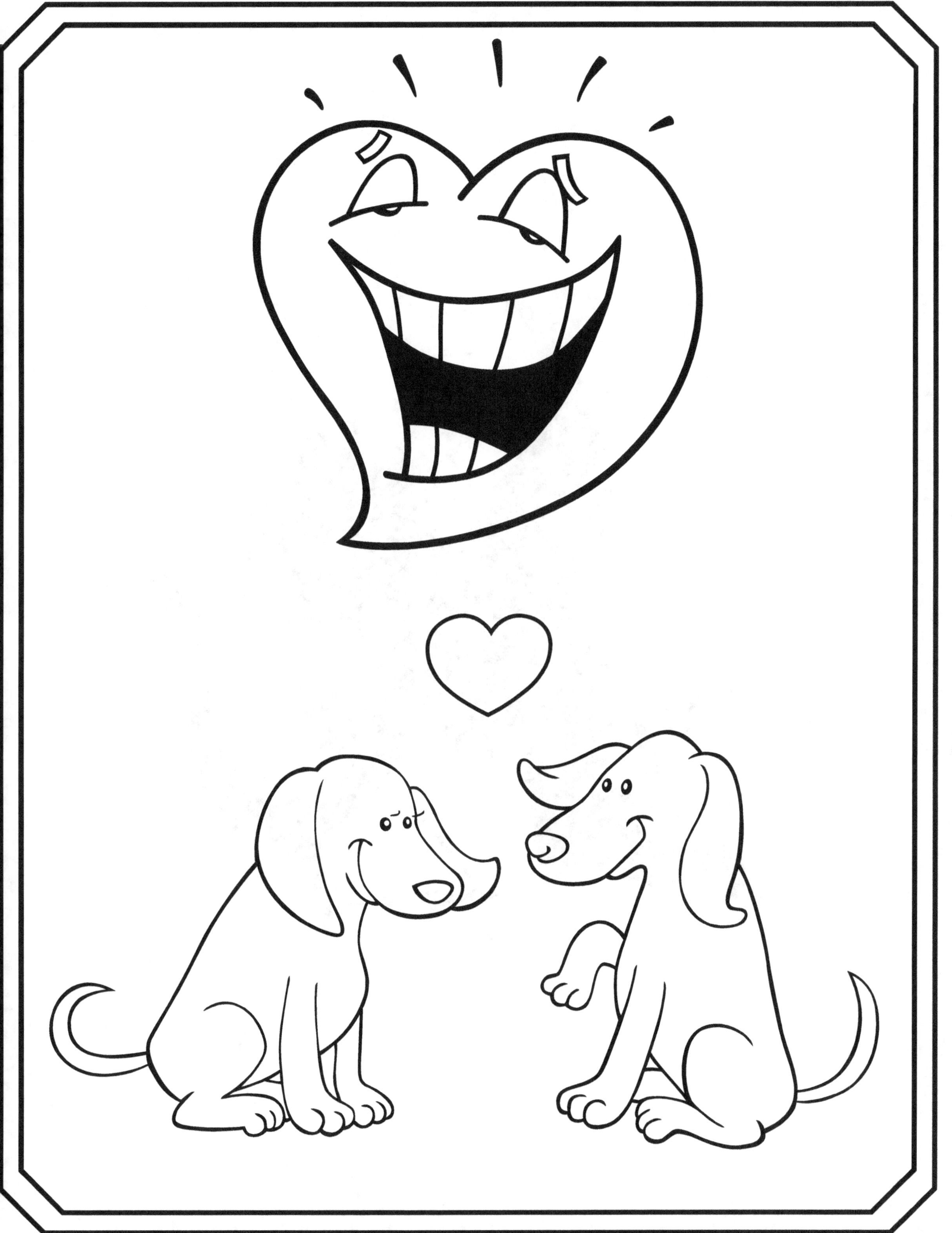

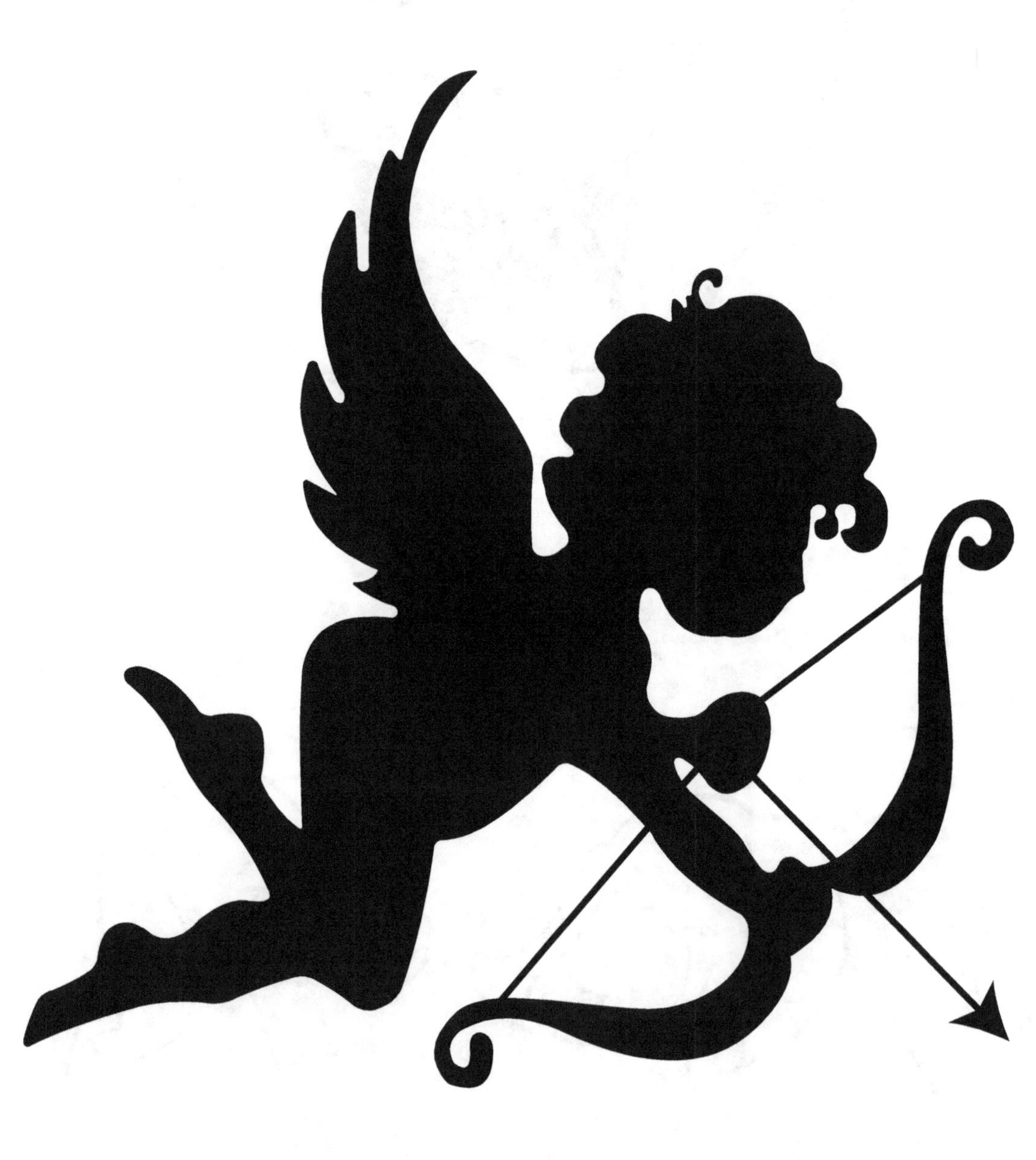

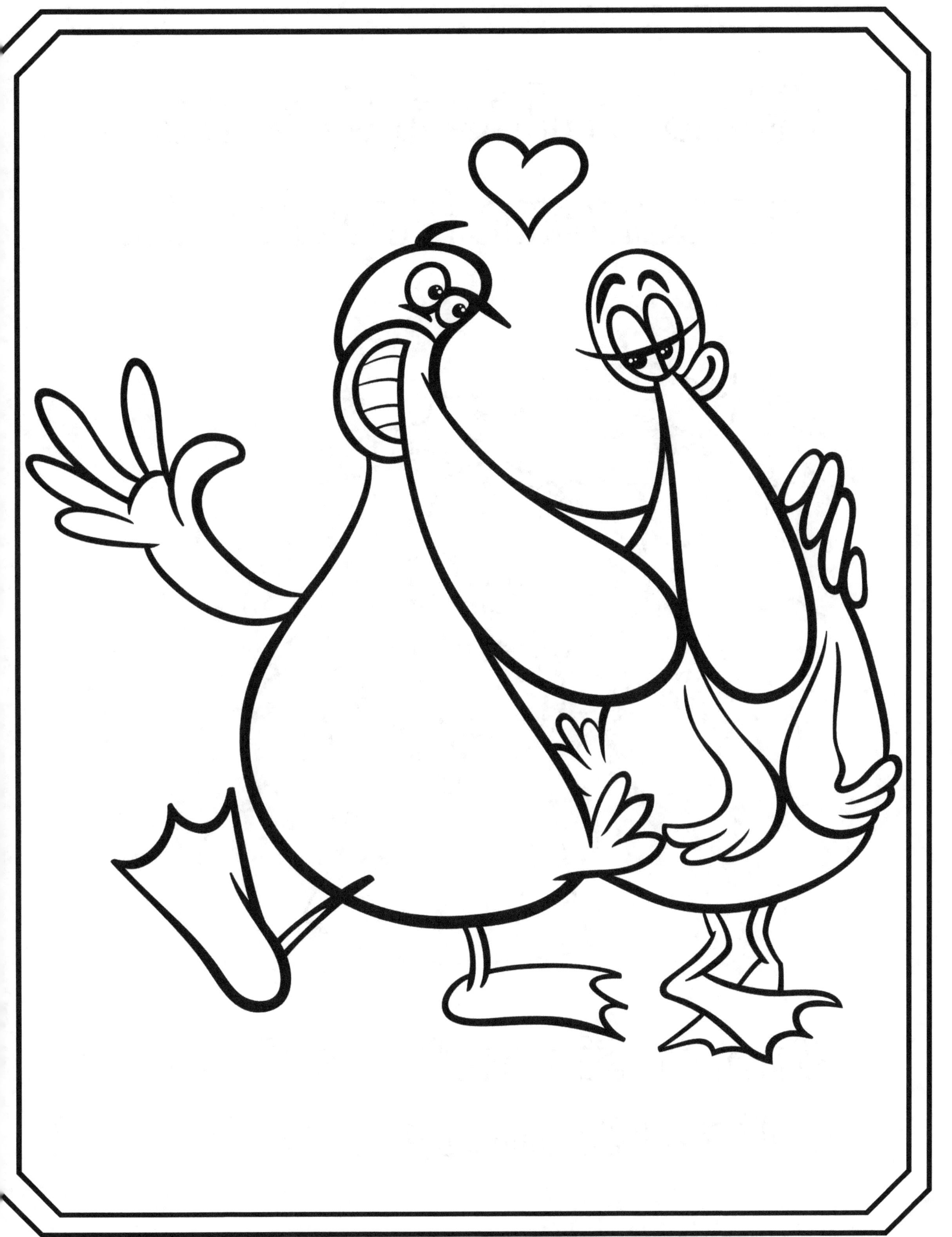

Was halten Sie von unserem Produkt?

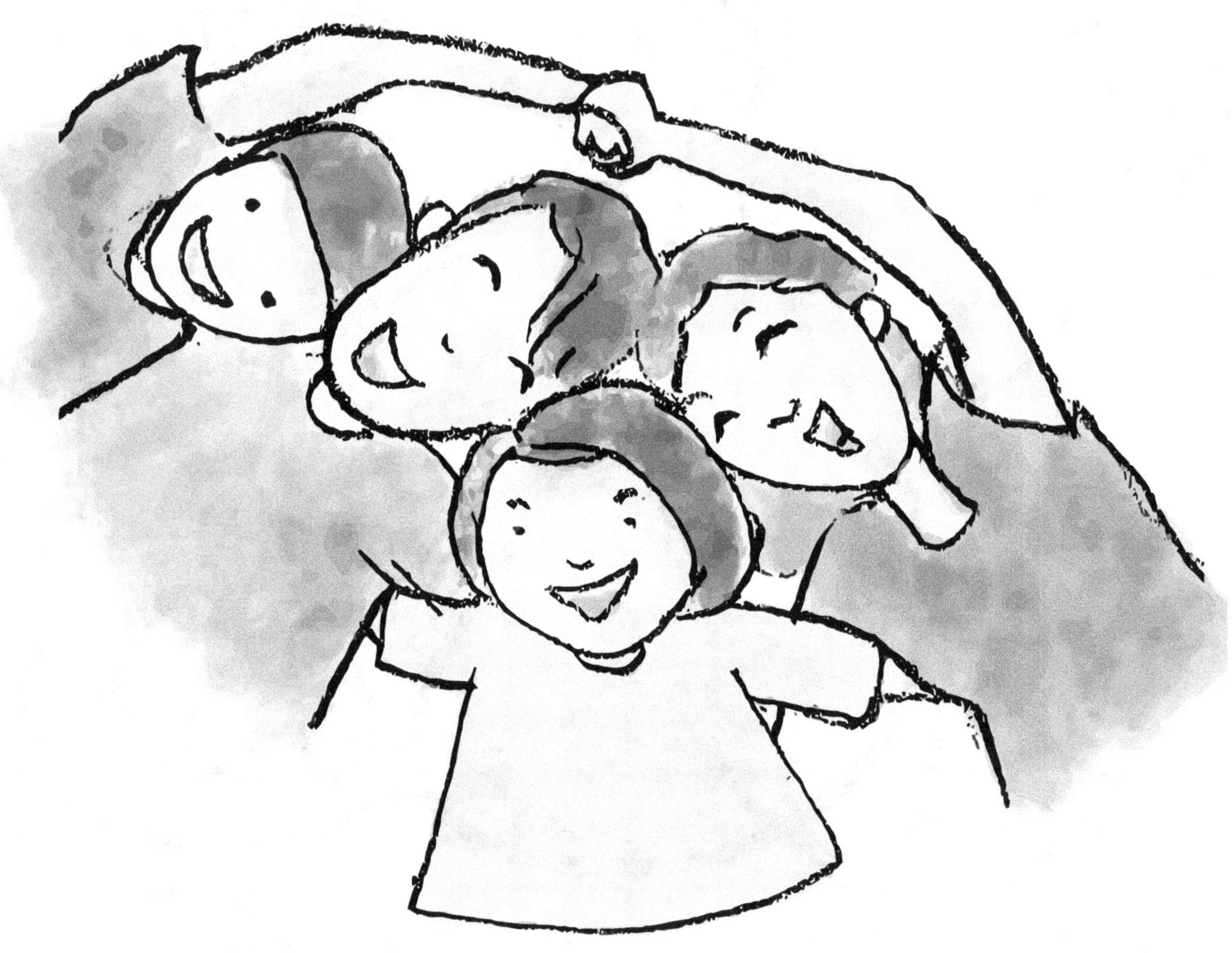

Warten Sie nicht und teilen Sie Ihre Meinung noch heute!